ORBES
1959-2016

MERCEDES CORTÁZAR

ORBES
1959-2016

TIERRA/AGUA/FUEGO
·
ORBE TERRESTRE
·
LA AFRODITA DE CNIDO
·
RAZÓN DE EROS
·
NATURALEZA EN EL ESPEJO

Edición
Jesús J. Barquet

Prólogo
Alberto Abreu Arcia

Incluye
Comentarios de Gastón Baquero
y Servando Sacaluga
Carta de Julio Cortázar a la autora

Ediciones La Mirada
Las Cruces, Nuevo México
Estados Unidos de América
2017

EDICIONES LA MIRADA
Jesús J. Barquet, Editor Jefe
Carlota Caulfield, Editora Asociada
Yoandy Cabrera, Editor Asociado de Reseñas

ISBN-13: 978-0-9911325-5-3
ISBN-10: 0-9911325-5-6

Maquetación y diseño de cubierta, portadillas e ilustraciones interiores:
Andrée Conrad

Imagen de cubierta: Detalle del mapa *Nova et accuratissima totius terrarum orbis tabula* (1664), del cartógrafo holandés Joan Blaeu (1596-1673), Biblioteca Nacional de España, Madrid. La imagen completa es del dominio público y se encuentra en el sitio electrónico Wikimedia.

AGRADECIMIENTOS:
A Virgilio López Lemus, Mabel Cuesta, José R. González
y New Mexico State University.

Impresión y encuadernación en Estados Unidos de América

ÍNDICE

NATURALEZA EN EL ESPEJO

NOTA SOBRE ESTA EDICIÓN

Sorprende que, después de entusiasmar a cierta juventud habanera a inicios de los años 60 del siglo XX con su icónico poema-libro *El largo canto*, publicado en 1961 por las hoy revalorizadas Ediciones El Puente ([1960]-1965) —las cuales por varias décadas fueron tabú dentro de Cuba—, Mercedes Cortázar (La Habana, 1940) —quien es, además, narradora, ensayista y cofundadora en 1962 de la primera revista de poesía del exilio cubano posrevolucionario (*Protesta*)— no haya publicado hasta este *Orbes 1959-2016* un libro con una significativa muestra de nuevos poemas suyos en español. Por mérito propio, *El largo canto* conoció dos reimpresiones en libro —una bilingüe en español y francés (*Deux Poèmes de Mercedes Cortázar*, ed. Servando Sacaluga, Nueva York: Osmar, 1965, pp. 21-28) y otra en mi compilación *Ediciones El Puente en La Habana de los años 60: lecturas críticas y libros de poesía* (Chihuahua: Azar, 2011, pp. 275-282);[1] mas la restante poesía de la autora, especialmente desde su salida de Cuba el 6 de enero de 1961, sólo ha aparecido de manera muy esporádica en revistas, compilaciones y antologías literarias, en particular aquellas creadas por sus compatriotas exiliados.[2] Por lo anterior se comprende que resultaba ya imperiosa esta recopilación, en forma de libro, de más de 50 años de su poesía dispersa o, en muchos casos, inédita. (Incluimos, además, «Elegía VI», publicada en la Isla antes de su partida.)

---

[1] En 2016, *El largo canto* fue reproducido integralmente en la revista digital de poesía *Otro Páramo* (otroparamo.com). Antes de la publicación en Ediciones El Puente, un fragmento del poema apareció en La Habana en *Diario Libre* (año II, no. 3, martes 5 de enero de 1960, p. 2).

[2] En 1991, Juana Rosa Pita y yo dedicamos un plegable (no. 12) de nuestra Edizione di Amatori (Nueva Orleáns) a la sección *La Afrodita de Cnido*.

Con Mercedes he rescatado y revisado, además de su poesía inédita, prácticamente todos sus poemas sueltos previamente publicados (ver a continuación la lista correspondiente), pero ojalá que un futuro investigador descubra otros. Es común toparse con cierta imprecisión en la publicación anterior de su poesía: el hecho de que Mercedes no usara puntuación, letras mayúsculas ni títulos en sus poemas hacía que, a veces, dos o tres textos diferentes aparecieran como si fueran uno solo, con o sin título. Esta revisión de *Orbes* establece ahora con claridad la identidad individual de cada poema y da homogeneidad a la escasa pero suficiente y peculiar puntuación de la autora. De igual forma, algunos poemas ofrecen leves cambios de lenguaje y de división versal y estrófica.

Como *Orbes* no pretende recoger toda la poesía de la autora, no se incluyen aquí otros poemas inéditos suyos ni textos fácilmente accesibles tales como *El largo canto* y los poemas de una colección titulada «Las tribulaciones» —la cual nunca vio la luz como tal— que fueron recogidos en *Novísima poesía cubana I* (eds. Reinaldo Felipe [García Ramos] y Ana María Simo, La Habana: El Puente, 1962, pp. 83-91)[3] y en mi *Ediciones El Puente* (pp. 466-468). Por otra parte, no están fechados, para evitar las distracciones, los diferentes textos o colecciones, pero un lector interesado en la cronología hallará algunas fechas de publicación en la mencionada lista. De hacerlo, encontrará que las secciones *Tierra/Agua/Fuego* y *Orbe Terrestre* corresponden a los años 60 y de forma sugestiva dialogan temáticamente con dos poemarios de autoras cubanas también exiliadas en esa década: *Tundra: poema a dos voces* (1963), de Isel Rivero, y *Mascarada* (1970), de Rita Geada. Marcadas de forma más o menos implícita por la experiencia personal de la Revolución Cubana y por la incomprensión

---

[3] Puede hallarse el pdf de *Novísima poesía cubana I* en el sitio digital *Cuba: el archivo de Connie* (archivodeconnie.annaillustration.com).

y el rechazo sufridos en los círculos internacionales autodenominados «de izquierda»,[4] estas cuatro colecciones conforman la más lograda e integradora reflexión existencial de la poesía cubana de entonces.[5]

En otra revista de poesía cofundada por ella, *La Nueva Sangre* (1968-1969), Mercedes explícitamente expresa su visión crítica de la ultrapolitizada y polarizada atmósfera cultural que le tocó vivir entonces dentro y fuera de Cuba:

> Nuestra época ha sido generosa en malentendidos. Estamos en presencia del siglo de la amalgama, donde las cosas se mezclan con sorprendente arbitrariedad. No podíamos quedar nosotros fuera de esta regla que domina casi todas las disciplinas y que no se circunscribe a ningún punto geográfico con exclusividad. Por ello debo aclarar que *La Nueva Sangre* no se suma a la obsesión paranoica de la literatura comprometida y que pretendemos crear al menos una revista que se dedique exclusivamente a la poesía.
>
> Ante la multitud de fenómenos que nos presenta el mundo, renunciamos a la manía de llevarlo todo a planos políticos y a adoptar actitudes de heroísmo operático. [...] Estamos hartos del terrorismo intelectual que se ejerce en algunas revistas de Latino América y que pone en primer plano consideraciones de partidos, de facciones, antes que la validez intrínseca de la obra literaria. En todas partes vemos esas coaliciones surgidas de ciertos sistemas de pensamiento, que unen en simbiosis a

---

[4] Mercedes relata sus desencuentros personales con «intelectuales marxistas neoyorquinos» en su artículo «Flamencos de losa (escribiendo en inglés)», en *Escandalar* (vol. 5, enero-junio de 1982, no. 1-2, pp. 106-110), p. 110. Similares experiencias en París son narradas por Nivaria Tejera en *Espero la noche para soñarte, Revolución* (Miami: Universal, 2002), pp. 12-46.

[5] Al salir de Cuba, Isel Rivero publica en La Habana su poema-libro *La marcha de los hurones* (1960), pionero de las Ediciones El Puente. *La marcha* resultó profético no sólo por su interpretación de la circunstancia nacional, sino también por integrar, desde la temática urbana, dicha circunstancia a una reflexión existencial que, heredada de los años 50 (Fayad Jamís y, póstumamente, Rolando Escardó), continuarán en exilio *Tundra* y las mencionadas colecciones de Rita Geada y Mercedes Cortázar.

los talentos más dispares y crean un frente común ante los que consideran «reaccionarios» o a los que califican con cualquier otro clisé de moda. [...]

Ante esos pulcros de la literatura, que como damas pudorosas cuidan su virginidad política y no se arriesgan a publicar en una revista que esté a favor de los capitalistas, los soviéticos, o los sardanápalos, decimos que si quieren pueden persistir en sus melindres, pero que *La Nueva Sangre* ha querido precisamente evitar tales malentendidos, abriendo sus puertas a todos sin distinción de nacionalidad, ideología política o posición social. (p. 4) [6]

De ahí que la poesía, en su pluralidad coral y calidad intrínseca, sea vista por Mercedes como una forma de resistencia y sobrevivencia del espíritu humano en su superior afán de absolutos, según explica ella misma en esos años:

Un intento de lograr la trascendencia a través de la acción aunando fuerzas desiguales. Un deseo de redescubrir la inocencia y de hallar en la confraternidad una nueva y enriquecida dimensión del yo. Rodeado por una realidad árida, el espíritu se solaza en esta búsqueda de absolutos. De todo ello surge la palabra como único puente posible entre dos criaturas ahogadas en el tiempo y en la vacuidad del devenir. (p. 283)[7]

Aunque Mercedes confiesa haber escrito poesía en inglés durante algunos años producto, entre otras razones, de la conflictiva relación con la lengua inglesa que, como hispanohablante, experimentó en los Estados Unidos, su poesía se ha mantenido fiel al español por más de cinco decadas. En «Flamencos de losa», narra ella su efímero paso como poeta por el inglés y la destrucción de esos poemas (pp. 109-110); por eso *Orbes* no los incluye. Su vínculo principalmente libresco con

---

[6] «*Es más que un crimen: es un error.* Cardenal de Richelieu», en *La Nueva Sangre* (año 1, no. 3, septiembre-octubre de 1968, pp. 4-5).

[7] En *Poesía en éxodo* (ed. Ana Rosa Núñez, Miami: Universal, 1970).

el inglés no estaba afín, además, con su concepto del lenguaje poético como «algo más espontáneo, ingenioso e incomprensible» («Flamencos», p. 108). Y como escribir en español en los Estados Unidos conlleva menores posibilidades de publicación, difusión y mercado, Mercedes afirma en su artículo «¿Por qué escribir en español?»[8] que tal fidelidad revela «una actitud tozuda y heroica», actitud que en su caso —diferente al de los autores hispanounidenses que prefieren escribir en inglés— aúpan las siguientes razones personales:

> Aparte de que el español pertenece a mi infancia, también encierra una forma idónea de ver la vida, una manera de expresarla, un ritmo de pensamiento. El propósito más obvio de un idioma es posibilitar la comunicación, pero además engloba una historia cultural, una óptica, una manera de ser y de no ser; algo inefable. Esa esencia intrínseca del español es mi lenguaje natural, la forma en que más auténticamente se expresa mi espíritu. Además, eso inexpresable que exuda el idioma me proporciona gozo, deleite al usar sus palabras, placer al escuchar sus sonidos, júbilo al explorar sus posibilidades. (p. 600)

Confiesa también Mercedes que «siempre he escrito como una espía que manda mensajes a las potencias enemigas [...]. Mi sicología es la del mensaje lanzado al mar en la botella y no la de la comunicación incestuosa, no porque la condene sino porque no me complace» («Flamencos», p. 108). Propongo aquí, pues, contradecir la voluntad de esta poeta cubana que se identificó, en sus inicios, con el grupo habanero de las Ediciones El Puente, y, tras su salida de la Isla, con la producción literaria del exilio cubano así como con la de los hispanounidenses que escriben en lengua española. Hora es ya de que, con esta amplia compilación, sus compatriotas de dentro o fuera de Cuba podamos no sólo

---

[8] En *Enciclopedia del español en los Estados Unidos* (ed. Humberto López Morales, Instituto Cervantes, 2009, pp. 599-601).

aventurarnos al fin en una lectura profundamente incestuosa de su poesía más allá de *El largo canto*, sino también convidar a las «potencias» lectoras de otras naciones o herencias culturales a entusiasmarse con la magnitud universal de sus diversos «mensajes». Quizá ocurra como a inicios de los años 60 —aunque en detrimento de la poesía sea otro, hoy en día, *el espíritu de la época*— y se vuelvan también icónicas, ahora, estas magníficas orbes poéticas de Mercedes Cortázar.

JESÚS J. BARQUET

POEMAS PREVIAMENTE PUBLICADOS

—*Tierra/Agua/Fuego*, en *Poetas de Enlace* (verano de 1992, pp. [5-8]). Esta publicación incluye erróneamente, como parte de «Fuego», estrofas que pertenecen a «Tierra». «Tierra/Terre», en *2 Poèmes de Mercedes Cortázar* (ed. Servando Sacaluga, Nueva York: Osmar, 1965, pp. 31-44); «Agua», en *El Corno Emplumado* (no. 11, julio de 1964, pp. 27-28). En su nota bibliográfica de *Novísima poesía cubana I* (eds. Reinaldo Felipe [García Ramos] y Ana María Simo, La Habana: El Puente, 1962, p. 83) se registra «Tierra (poemas, 1961)» como inédito.

—La sección XII de «Tierra», «La primavera», «Un nuevo mundo», «Sobre tejados que se multiplican» y «La noche huele a tigre después de la lluvia», en *La última poesía cubana (antología reunida, 1959-1973)* (ed. Orlando Rodríguez Sardiñas, Madrid: Hispanova, 1973, pp. 499-505).

—Fragmentos de *Orbe Terrestre* aparecieron con formato de prosa, en *Exilio* (año 6-7, no. 1-4, invierno-primavera de 1972-1973, pp 81-82) y con formato de verso, en *Signum Nous* (signum-nous.org, no. 14, diciembre 2016). La autora explica este cambio de formato en una Nota al pie de dicha sección.

—*La Afrodita de Cnido* (Nueva Orleáns: Edizione di Amatori, plegable no. 12, julio de 1991).

—«Elegía VI», en *Kubanakán-59* (no. 3, mayo de 1960, p. 7).

—«Epitasis/Epítasis», en *Protesta* (año 1, no. 1, 1962, pp. [2-3]).

—«Porque me das al atardecer», en *Envíos* (año 1, no. 1, julio-septiembre de 1971, p. [20]).

—«Empezaré esperando», «Carnes marmóreas», «Cada mañana», «Luna extranjera» y «Los lagos encierran el fósil», en *Adamar* (archivo.adamar.org, no. 3, invierno de 2000).

—«Carnes marmóreas», «Has llegado diez minutos tarde», «Cada mañana», «Roja como la amapola» y «Albergue de hojas», en *Linden Lane Magazine* (vol. 10, no. 1, enero-marzo de 1991, p. 22). Los tres primeros poemas aparecieron bajo el título general e incorrecto de «Albergue de hojas», en *El Centavo* (no. 159, 1992, p. 17).

—«El ala que roza», en *Más allá de la Isla: 66 creadores cubanos* (eds. Jesús J. Barquet y Rosario Sanmiguel, *Puentelibre*, vol. 2, no. 5-6, verano de 1995, p. 74).

—«Anochece por un instante», «Miro al sol que se hunde» y «Los lagos encierran el fósil», en *Cupey* (vol. 7, no. 1-2, enero-diciembre de 1990, pp. 67-69).

—«Con qué lentitud pasa la noche», en *La Nueva Sangre* (año 1, no. 1, abril-mayo de 1968, p. 9).

—«Sobre tejados que se multiplican», «Como una demente» y «La noche huele a tigre después de la lluvia» aparecieron bajo el título general de «La noche huele a tigre después de la lluvia», en *La Nueva Sangre* (año 1, no. 1, abril-mayo de 1968, p. 10) y en *Poesía en éxodo* (ed. Ana Rosa Núñez, Miami: Universal, 1970, pp. 286-287); y bajo el título general de «Poema» y con diferente orden estrófico, en *Mundo Nuevo* (no. 23, mayo de 1968, p. 60).

—«Predominio del verde en la llanura», «Los lagos encierran el fósil» y «En el centro del vacío», en *Exilio* (año 7, no. 2-3, verano-otoño de 1973, pp. 115-117).

—«Hemos perdido aquella palabra», en *El Rehilete* (3ª. época, no. 34, enero de 1971, p. 13).

PRÓLOGO

En su memorable ensayo sobre Baudelaire, Walter Benjamín ana-
liza cómo el poeta sucumbe a la violencia con que la muchedumbre
lo atrae y convierte en uno de los suyos, y cómo casi en el mismo
instante se aparta de ella. El poeta se mezcla así largamente con la
muchedumbre hasta transformarla, mediante una fulminante mirada
de desprecio, en nada. Anota Benjamín, además, que esa multitud
—cuya existencia Baudelaire jamás ignora aunque no le sirvió de
modelo para sus obras— está inscrita en la escritura como una
fuerza secreta: es la multitud espiritual de las palabras, de los
fragmentos, de los versos con los que el poeta libra en las calles
abandonadas su lucha por la presa poética.

Existen coincidencias entre la poética de Mercedes Cortázar
y esta relación muchedumbre-*flaneo* urbano del poeta señalada
por Benjamín. Me refiero no sólo a la multitud efervescente que
contempla regocijada «espectáculos de crueldad colectiva» o a la
de seres que «se juntan en los mercados públicos/ se unen en las
grandes concentraciones políticas», sino también a la «multitud de
percepciones diversas» que «se funden/ incandescentes» o a la de
hechos que «desfilan como relámpagos/ encadenándose unos con
otros» o a la multitud de palabras que «se pronuncian». En estos
Orbes 1959-2016, Mercedes imagina una ciudad hecha de orfandad,
desvaríos, peregrinajes, incertidumbres, precariedad existencial,
recuerdos involuntarios y fragmentos visuales que casi nunca se
tocan entre sí y que se reescriben en cada sección: «multitudes/
anónimas/ anhelantes/ devoran imágenes/ sonidos». Al ano-
checer, la ciudad se percibe como una «concha deshabitada/
esqueleto calcáreo de monstruo marino».

El lugar desde donde quisiera hablarnos la voz poética no
parece ser ya ni el país o ciudad de origen o destierro donde se

halla, sino otro que sólo habita en lo imaginario, en el espacio virtual de la escritura. Toda su poesía parece atravesada por este descentramiento que nace de la experiencia del viaje, del nomadismo, de los continuos desplazamientos por territorios urbanos, y que resulta también del impulso de una modernidad fallida o inconclusa. Quizá por ello la ciudad se percibe en sus poemas como un cosmos descentrado y marginal.

«¿Qué obliga a la multitud/ a cargar los días que odia?», es la interrogante que se formula en *Tierra/Agua/Fuego*. En esta sucesión de actos que el sujeto lírico percibe como absurdos en sus fisgoneos por la ciudad, hay un tipo de ceremonial propio de una existencia carente de sentido y en el que dicho sujeto no logra definir su identidad. Si, por un lado, esta pesadilla de desarraigo y vacío se traduce en una desconfianza hacia la Historia y la palabra que infructuosamente busca aclarar su objeto, por otro lado dicha pesadilla delata la filiación existencialista que alimenta muchas de sus indagaciones y propuestas poéticas. Esta cercanía escatológica de la palabra con lo de abajo y lo residual delata cierta filiación con Virgilio Piñera y su modo tumultuoso de explorar el mundo y ordenar la poesía. Pienso, sobre todo, en la carnavalización que asume la textura del discurso de «Fuego»: lo grotesco rompe simetrías, crea fantasmagorías y termina mezclando lo humano con lo monstruoso.

Le advierto al lector que estamos ante una poética donde el trabajo de la autora con la palabra, sus exploraciones metafísicas, la sumersión en lo sombrío y el sentimiento de inadecuación que nace del sentirse desterrado de la Historia no constituyen un mero ejercicio retórico, sino que se levantan como una acción liberadora en la que la memoria opera como un dispositivo activador de zonas dormidas o silenciadas por la tradición. Y es que hay algo territorial en la escritura de Mercedes. Julio Cortázar parece advertirlo cuando, a propósito de unas páginas de *Orbe*

Terrestre que la autora le envió en 1970, le comenta: «es realmente el portulano a que se alude al comienzo, con sus galeones y sus monstruos marinos cuidadosamente dibujados por un cartógrafo que busca evitar el *horror vacui* a su navegante de y en el papel». Sólo que eludir el horror al vacío en Mercedes resulta una imposibilidad. En su poesía la ciudad —lo urbano— opera sobre la base de la desintegración espacial y la ausencia total de un centro: el espacio vuelto laberinto. Cabría preguntarse si esta ciudad diseñada desde el nomadismo del sujeto lírico, si esta voz casi siempre impersonal y distante —que se transmuta y difumina en una multitud que la seduce y paraliza, y que a ratos asume un tono documental y testimonial—, si este imaginar nuevas cartografías hechas de apropiaciones y juegos con la memoria y con los diversos archivos literarios que cada poema acoge, no guardan cierta relación con su condición de exiliada.

Según la autora, la primera parte de *Orbe Terrestre* fue escrita alrededor de 1963 y fue su reacción al primer encuentro con el exilio en Nueva York. Jesús J. Barquet anota, casi de soslayo, un dato significativo de «Flamencos de losa (escribiendo en inglés)» en el que quisiera detenerme. Es el referido a los desencuentros personales de Mercedes con «intelectuales marxistas neoyorquinos» después de su experiencia personal de la Revolución Cubana. Este dato nos coloca frente a uno de los debates más fructíferos y postergados sobre el devenir de la literatura y la cultura cubana posterior a 1959. Hablo de las localizaciones de la nación y sus respectivas memorias, el lugar desde donde se lee e imagina lo cubano.

Los poemarios compilados en *Orbes* tienen la virtud de releer la nación y sus diferentes imaginarios desde la diáspora. Lo que a primera vista pudiera explicar la angustia y el consecuente sentimiento de desterritorialización —los cuales atraviesan a la mayoría de estos textos en que la ciudad y la metáfora del viaje funcionan como una alegoría—, constituye luego una estrategia que le permite reimaginar un país. Pero esta apreciación esconde otras aristas más complejas. Se sabe que toda ciudad, en cierta medida, expresa la sensibilidad del sujeto que la habita o evoca, por lo que propongo invertir esta afirmación y preguntar si acaso ese sentimiento de habitar una nación descentrada no está ya, de una u otra forma, en los autores fundacionales de la lírica cubana. Pienso en las crónicas de Julián del Casal, «el único paseante de la ciudad abandonada», como lo describió José Lezama Lima. Tanto Casal como Mercedes parecen atormentados por los mismos demonios y comparten las mismas obsesiones:

> Seres que se enlazan en los desvanes
> se juntan en los mercados públicos
> se unen en las grandes concentraciones políticas
> donde se cubren de una albúmina triunfante
> que les da la apariencia de larvas
> regocijadas en una larga modorra.

La obsesión más significativa de ambos autores es la vocación de *flâneur* (paseante) que, en su recorrido por la urbe, entrega bosquejos panorámicos y personajes en forma de fotografías cuyo revelado nos descubre las dinámicas del nuevo escenario moderno. También los dos se autorrepresentan como exiliados dentro de su propia ciudad, como se afirma al inicio de *Tierra/Agua/Fuego*:

> ¿Qué del hombre al devorar su cansancio
> y estrenar su inutilidad cuando comienza el día?
> Aún no hemos descubierto la razón de los días
> y nuestro grito no es sino una rebelión de idiotas
> La humanidad pierde su paso en la ciudad

¿Qué del cansancio de la noche
más llena de estrellas que al despuntar el día?

Esta puesta en escena de uno mismo como desterrado de su propia ciudad remite a esas zonas de desvíos y fugas de la tradición literaria, específicamente a los criterios de unidad estilística y respeto a una tradición entendida como base lingüística común y jerarquía de valor. En tanto que fuerzas disruptivas, Mercedes y Casal quebrantan la lógica de lo nacional y desvían a las letras de una concepción épica de la patria en la medida en que desafían los esquemas ontológicos de la identidad.

En el caso de Mercedes habría que añadir otro aspecto: su condición de mujer, por lo que su insistencia en resignificar las nociones del ser y del yo-tú-otro podría leerse en dos dimensiones. La primera, como una urgencia por liberar a la palabra de la hegemonía de un sujeto nacional homogéneo que, desde sus inicios, propuso el canon de la literatura posrevolucionaria. La segunda, como un intento por construir una subjetividad *otra*, la correspondiente a un sujeto lírico imparcial, ubicuo, en tanto que afirmación de su identidad alternativa de mujer y exiliada. En esta línea se inscribe uno de sus principales contribuciones al discurso lírico cubano emergente en los años 60.

Si comparamos las fechas de publicación de varios poemas compilados aquí, inevitablemente resalta el hálito demoniaco y subversivo de estos textos (sus interrogantes, preocupaciones y propuestas) frente al sujeto lírico enclaustrado que prevalece en la poesía cubana publicada dentro de la Isla desde finales de los años 60 hasta la primera mitad de los 80, como consecuencia de la homogeneización del canon y de la norma poética producto de las urgencias temáticas y estilísticas y de los derroteros oficiales por los que transitó la producción lírica cubana de entonces. Lo irónico de este contraste resalta aún más cuando se conoce la influencia que ya ejercía su poema-libro *El largo canto* (1961) en la jovencísima promoción poética que, tras el triunfo de la Revolución Cubana, se agrupó en torno a las Ediciones El Puente. En este sentido, los textos de Mercedes reunidos en *Orbes* constituyen el relato más escalofriante y angustioso del que tenga noticia la poesía cubana contemporánea en cuanto apunta a la maraña de negatividades y dispersiones a la que se enfrenta una nación que no ha sido posible en su totalidad. Posiblemente esta necesaria reconstrucción histórica haya influido en la decisión de La Mirada de rescatar y editar en un volumen toda esta poesía inédita o dispersa por décadas.

Entre los temas y asuntos que alimentan la poética de Mercedes se hallan los siguientes: la descomposición de la naturaleza, la crueldad, lo nauseabundo, las utopías absurdas, las pequeñas y grandes perversiones y miserias humanas, la modernidad y sus cambios bruscos como alegoría de las eternas transformaciones que están en el origen mismo del ciclo vida-muerte, y la anulación del uno en el otro pero no como ejercicio místico sino como disolución de una individualidad tenida como punto de partida para una reflexión filosófica sobre el ser y el sentido o sinsentido de la existencia. Cierto que semejantes preocupaciones ya estaban presentes en *El largo canto*, cuando la autora tenía apenas 19 años, pero en estas colecciones posteriores aquellas han devenido una reflexión más intensa sobre el ser de la poesía y sobre la difícil y casi imposible batalla que la poeta sostiene con la palabra en el acto mismo de nombrar.

Como si se tratara de un deseo inalcanzable, esta imposibilidad explica por qué, a ratos, la ciudad se perciba como una puesta en escena y el sujeto lírico nos hable desde una frialdad perversa y lúdica. Su poesía describe este hecho como si se tratara de un desgarramiento. De ahí esa proliferación verbal y esa acumulación de imágenes que se suceden vertiginosamente en el libro. En «Agua» la multitud se homologa con el murmullo de las palabras y con la soledad del poeta en el acto creativo: «¿quién habla el lenguaje de su soledad?»; la poesía otorga la palabra y al mismo tiempo condena al silencio, mientras que el agua opera como una metáfora de la naturaleza inapresable del lenguaje.

Por su parte, «Preguntas del ser» resulta una taimada transgresión del enunciado metafísico que le sirve de título y deviene una disquisición sobre la naturaleza escurridiza del lenguaje vuelto contra sí mismo: «Afuera/ reina la actividad/ millones de palabras se pronuncian», como consecuencia de nuestro destierro del universo. Es, a la vez, una reflexión sobre los principios de identidad y fijeza: «entre la trascendencia y la vacuidad/ ¿Por qué escoger la trascendencia?/ ¿Y cuál es?», «¿Por qué escoger esta y no otra?» El ser es la casa del lenguaje, pero el lenguaje tiene una condición inapresable. Es en este punto donde el poema se me presenta como una réplica al modo teleológico de concebir el ser de la poesía y lo cubano que caracterizaba al grupo Orígenes, réplica esta ya presente en varios poetas de El Puente: «¿Por qué escoger entre ese montón/ y poner una etiqueta/ que diga/ trascendente?», protesta la autora. Asimismo, «El cosmos en la naranja» me retrotrajo al ensayo «Corona de las frutas», publicado por el origenista Lezama en diciembre de 1959 en el semanario *Lunes de Revolución*. Aquí, como en otros momentos de su poesía, Mercedes se acerca a ciertos tópicos de la escritura de Lezama para después rechazarlos o derivarlos.

Así ocurre también más adelante en el libro: al igual que *Naturaleza en el espejo*, *Razón de Eros* retoma desde sus primeros versos la imagen de la noche como «pájaro nocturno», pero ahora la noche se hace ciudad: «¡Oh ciudad de la noche!/ Torturada por el amor sin final de la noche/ y cubierta por la red deslumbrante/ de sus estrellas más cercanas». La noche va abriendo paso a cierta nostalgia en el discurso, el cual no tiene ya el regusto carnavalesco de «Fuego» y *Orbe Terrestre*, ni retoma aquella lucha empecinada y solitaria del poeta con la levedad inapresable del lenguaje y la piel de la noche descritas por Lezama en su ensayo «Confluencias», donde cada palabra parece ser «la presencia innumerable de la fijeza de la mano nocturna».

En *La Afrodita de Cnido* y *Razón de Eros* el sujeto lírico abandona esa voz fundamentalmente impersonal que, proveniente de *El largo canto*, predomina en *Tierra/Agua/Fuego* y en *Orbe Terrestre*. De forma prioritaria asume ahora la primera persona del singular y una tesitura más íntima que va abriendo paso a lo autobiográfico. Las intranquilidades metafísicas, el tópico de la multitud, la preocupación por el lenguaje y sus tautologías, y el nomadismo por la ciudad que transforma lo callejero en escritura, van cediendo paso a lo que Mercedes define como «la épica del cuerpo/ en el que se enroscan/ las sinuosas sierpes del deseo». Lo interesante de esta definición no radica tanto en su erótica beligerancia como en su enunciación desde una subjetividad femenina: es el subversivo disfrute del cuerpo femenino como lugar sagrado de deseo y placer; es la presencia o evocación del ser amado, del cuerpo deseado y deseante lo que parece reconciliar aquí al yo poético con la ciudad: «Como tú también ves todas estas cosas/ la ciudad no está vacía».

Finalmente quisiera apuntar que esta compilación de la poesía de Mercedes Cortázar que La Mirada pone en manos del lector tiene entre sus numerosos méritos, como observa su editor, el de reconstruir el itinerario poético de una de las voces más vigorosas e interesantes de la lírica cubana posterior a 1959. Para comprender la magnitud de tal empeño debemos recordar que estamos ante más de cinco décadas de quehacer poético hasta el momento disperso o, en el más lamentable de los casos, inédito. Dicho vacío ha impedido a investigadores, críticos y lectores examinar el impacto de su obra y ubicarla en el lugar que merece dentro del mapa de la lírica cubana contemporánea. Por estas razones, la voluntad de justicia poética y de arqueología literaria que anima esta edición de *Orbes 1959-2016* hace de este volumen una ineludible contribución no sólo a la poesía de Mercedes Cortázar, del exilio cubano y de los hispanos residentes en los Estados Unidos, sino también a los estudios de la literatura cubana posrevolucionaria.

ALBERTO ABREU ARCIA

UMBRAL

La palabra poética es acción que libera al par
las formas encerradas en el sueño de la materia
y el soplo dormido en el corazón del hombre.
MARÍA ZAMBRANO

¿Por qué publicar un poemario ahora, después de décadas sin publicar un libro? Fácil es responder que, desde 1965, nadie me había hecho una oferta, y no me podía imponer a los lectores sin que antes alguien me dijera que merecía ser publicada.

Mi valentía, ahora que me cuesta mucho leer, viene de que sólo me interesa la poesía, no porque sea breve de leer sino porque es profunda, porque sintetiza. No en balde en los campos de concentración lo que se escribía y recitaba era poesía. Tal parece que sabían que, cuando se ha perdido todo y se está al borde de la muerte, la poesía proyecta una luz que ilumina a la vez que consuela. Pensando que otros puedan sentir como yo un gusto por lo poético en estos tiempos de la más crasa realidad —cuando las condiciones del mundo son muy cercanas a mis alucinaciones—, y que mis pasiones amorosas y mis deslumbramientos ante la maravilla de la naturaleza no sean ajenos al lector de hoy, ofrezco mis intentos de ir más allá y de penetrar en lo que está detrás, lo que se intuye y transparenta.

No pudiera hacer este ofrecimiento sin haber tenido la buenísima fortuna de ser «descubierta» por un poeta que me había publicado en antologías y plegables, y que me había incluido en sus estudios sobre los escritores de Ediciones El Puente: Jesús J. Barquet, quien, además de interesarse por mis poemas inéditos, se ha atrevido a rescatar, con un tesón heroico y una extraordinaria minuciosidad de archivista y compilador medieval, esta obra mía publicada en revistas y periódicos literarios por más de medio siglo. Gracias a él, he podido revisar todo lo escrito de manera que los mensajes del subconsciente se hicieran más accesibles, sin que perdieran su fuerza vital.

En 1963, después de vivir dos años en Nueva York, atormentada por visiones apocalípticas semejantes a las que tuvo el Apóstol Juan en la isla de Patmos, escribí a gran velocidad y con un lenguaje creacionista y bíblico los poemas que conforman *Tierra/Agua/Fuego*. El que viaje a esa ciudad en esta época actual de lujo y vitalidad encontrará avenidas perfumadas y hermosos edificios del siglo XIX limpiados meticulosamente con chorros de arena o reemplazados por palacios de vidrio; no reconocerá la ciudad cubierta de hollín y llena de multitudes desfavorecidas y marginadas que describo. Dichos poemas surgieron como de una epifanía, de una plétora de imágenes y palabras que me poseían y que yo tenía que comunicar por escrito, aunque fuera imperfectamente por los límites que impone la palabra.

Orbe Terrestre surgió más o menos en la misma época, durante una visita a la sede principal de la Biblioteca Pública de la Quinta Avenida de Nueva York, al ver un mapa antiguo en una vitrina de exposición. Al contemplar esos tritones y galeones antiguos, las primeras palabras del poema, que escribí entonces en prosa como una novela, comenzaron a escucharse en mi cerebro con un sonido rítmico, melodioso y seductor, como un conjuro. Para no olvidar lo que estaba oyendo, fui a la sala de lectura y anoté las palabras en mi cuaderno. Al cabo de unos minutos apareció una bibliotecaria airada que me echó de allí diciendo que a la biblioteca se venía a leer y no a escribir. Salí y me senté en la escalinata a continuar escribiendo entre los dos leones de piedra que guardan la entrada de la biblioteca. Como nadie vino a botarme, pude concluir el principio del escrito que enviaría años más tarde a Julio Cortázar.

Después, con la venida de mi comprensión de la cultura estadounidense y del idioma inglés, escribí con otra expresión más calmada, más personal. Era, además, la venida del Amor expresado en términos de la cultura occidental: Afrodita, la diosa griega del amor, y su hijo Eros, que nos traspasa con sus flechas que tanto dan dolor como placer. Aquí favorecí la cultura occidental porque fue la de mis lecturas infantiles: mi padre tenía en su biblioteca muchos libros clásicos griegos y romanos que yo leía a falta de libros para niños. Tal vez me hubiera gustado leer más a Mickey Mouse que a Safo o a Catulo, pero eso era lo que había. Además, en el nuevo mundo en que me había insertado, muchas personas suponían que esa cultura estaba reservada sólo para un sector social. Me parecía justicia poética utilizar esa tradición, esos arquetipos y ese lenguaje para contar mi experiencia y mis visiones poéticas «latinas».

Pasada la etapa del Amor, con la madurez llegó el disfrute sensual de la naturaleza aunque vista en el espejo del ser urbano y no directamente por el ser de la selva; llegó la disolución del ego aislado en la maravilla de la creación, en la amplitud del universo; y en las postrimerías de mi existencia, la disolución de la materia en la luz y, finalmente, en la sombra de un pensamiento.

MERCEDES CORTÁZAR

TIERRA/AGUA/FUEGO

COMENTARIOS

Al final de su reseña («El lujo de un poema») sobre la edición de *Poetas de Enlace* en que apareció *Tierra/Agua/Fuego*, Gastón Baquero expresa la gran impresión que le provocó su reiterada lectura de dicho poema, al que le falta —afirma— «una cuarta parte, el Aire», y ubica entre «lo mejor que he leído en muchos años». Baquero siente en el texto «la presencia de alguien que se entrega ávida e intrépidamente a la Poesía grande, a la Poesía con mayúscula, a la Poesía que trasciende», y entiende que el poema

> es para leerlo por fuera y por dentro, quiero decir en el texto y en el rico contexto interno, de persona despierta y angustiada ante el mundo como tal. Tiene una actualidad vivísima, urgente, porque trata en realidad del sufrimiento del hombre, del ser humano, pero además su carga, su profundización de poesía, baja a lo más hondo, o sube a lo más alto (es lo mismo, porque ante los Elementos no hay diferencia entre alto y bajo, entre superior e inferior). Todo es entrar, meterse en la entraña, romper las cerraduras.

> GASTÓN BAQUERO
> *El Nuevo Herald* (viernes 28 de agosto de 1992, p. 21A)

•

En 1965, tras recibir de parte de Servando Sacaluga su edición bilingüe (español-francés) de *Deux Poèmes* —la cual incluye «Tierra» y afirma que este poema «tiene tonos del *Apocalipsis* mezclados a la angustia de los grandes desesperados» (p. 19; traducción JJB)—, Thomas Merton expresa gran interés por la poesía y vida de la autora. Al respecto, Sacaluga le responde lo siguiente:

> Mercedes dejó Cuba en 1961 para escapar la atmósfera asfixiante de la política cubana —pues odia toda clase de política— y los requisitos de *l'art engagé*. Con respecto a esto, me dijo una vez que el mayor beneficio de no vivir en su país es que uno puede desconectar la mente de la política si desea hacerlo, lo que es imposible en un país comunista [...]. Desde diciembre del año pasado Mercedes está viviendo en Puerto Rico [...]. Pasó tres años en esta parte de Estados Unidos [Nueva York], lo que fue una experiencia amarga pero necesaria. Trabajó para mucha gente, tales como el Chase Manhattan Bank y Columbia University, sin poderse adaptar (mejor dicho, sin siquiera intentarlo) a la mentalidad preponderante y a la forma de vida. La política de Estados Unidos le había causado una reacción muy parecida a la que había tenido en la Cuba comunista, y abandonó los dos países en un estado de ánimo de desaliento y decepción en ambos casos.

SERVANDO SACALUGA
Carta a Thomas Merton (4 de abril de 1965)

TIERRA

I

¿Qué del hombre al devorar su cansancio
y estrenar su inutilidad cuando comienza el día?
Aún no hemos descubierto la razón de los días
y nuestro grito no es sino una rebelión de idiotas
La humanidad pierde su paso en la ciudad
¿Qué del cansancio de la noche
más llena de estrellas que al despuntar el día?

II

En los túneles que se divisan
por las ventanillas del tren
entre las finas gotas de agua que labran el cristal
¿quién desata entre ellos el odio?
¿quién tizna sus paredes de carroña y vómito?
¿quién desata el odio
que como hollín cubre las ciudades?
Un viento infernal se pasea por los techos
por las agujas dentadas de las góticas iglesias
doblegando rocas y árboles
Nuestras ropas se levantan con ese viento
y el cielo se ennegrece
como cuando las siete plagas.

III

En la sucesión de los días
obtenemos conclusiones
definiéndolas con el nombre de experiencia
No pasamos por estas calles con rapidez
sino con el detenimiento del que examina las cosas
a través de finos cristales
Y se escapa la vida en estos segundos
ante la mirada vacía del hombre
¿Hacia qué punto pretende llevar su interés?
Como una máquina más
deja correr su pensamiento
tras lo inalcanzable
y se pierde su mente para las generaciones.

IV

En medio de este segundo que nos compulsiona
en que divagamos con cada sensación
oímos entre nuestros miembros el otoño
Bajo los árboles llenos de luces
sentimos venir el invierno
en ese aire frío y extraño
en esa enervación como un dejarse ir
Así la lentitud de la vida
en que todo imperceptiblemente se desliza
Aún no hemos precisado nuestro lugar
(esa es la causa de nuestra alegría)

Así en el tiempo trasponiéndonos en acciones
así sin cesar culpables
¡qué ansiedades a través de las calles!
Nos preguntamos mientras los autos transcurren
—la ciudad deambula
con sus hombres y sus niños—
¿no es el desasirse del vacío
lo que empuja la ciudad a su ruido?
Descansamos ante la calle
recibimos el viento
el día se ha dividido en dos y continúa
el estremecimiento de sus calles
Pensamos si vivir no es luchar contra la Muerte
¿lo inútil del instante no es acaso
una pequeña muerte que nos toma por sorpresa
como el gusano que habita la manzana madura?

V

El poeta es el que avanza y deja tras de sí su voz
porque es grande su destino
grande su deber
El poeta es siervo de su tiempo
su vida está comprometida
su sangre pertenece a los otros
lleva la tarea de vivir entre los hombres
El hombre no es solo
trae en sí todos sus pensamientos

decisiones
errores
Desde ese punto
protegido por su piel
por su caja craneana
juzga el mundo
lo condena
justifica
o acepta
Difícil es vivir entre los hombres
entre compendios de siglos
mudables a cada minuto
peligroso quizá
pero a ello lo empuja la urgencia de los días
la búsqueda de la identificación
El hombre no se logra en soledad
ni en compañía
sino aceptando una parte de ellas
mientras dura la vida.

VI
¿Es más válida la risa que el llanto?
¿hay un mal en el mucho pensar
pues nos perdemos
y acaso llegamos a una conclusión valedera?
Tememos aún a las más simples realidades
y si nos quejamos cuando a nuestro pensamiento

no le dan tiempo a desplegarse
es por la inconformidad que en todos los estados
opone la voluntad del hombre
pues, ¿no hay gran contentamiento
en abandonarse a la vida
sin temer sus designios
sin precaverse ante sus fatalidades?

VII

El cansancio se refleja en cada ventana
detrás de ellas la Muerte te sueña
oh ciudad
sabiéndote azul
hueca
con un falso afirmamiento de palomas
Y el agua se desliza entre nosotros
los de los cuartos
con desesperadas ventanas al vacío
Perdidos en el hueco de la ciudad
manifestamos nuestras rebeliones
que no son nada ante la primera palabra del agua
Nosotros escribimos en el paseo de la noche
adueñándonos de las palabras de sangre
que son nuestras legaciones
Delante de las ventanas desplegamos
nuestro espíritu
como un arma terrible
y las persianas de la ciudad

no reflejan tanta negrura
porque nosotros desatamos
los nervios de la noche
con el fuego de nuestras miradas.

VIII

No está el secreto de la vida en estos vientres
no en palomas que revolotean en estas calles
que el silencio hace inmensas
En otros lugares
traspasados de idiomas y costumbres
ellos se realizan cada día
dejan la parte de olvido en que se consumen
Allí también la Muerte tiene su sitio
ellos alimentan el día
que con gran estruendo será desatado
El temeroso se detiene y pregunta
De las lenguas diferentes
confundidas
se ha suprimido la dolorosa experiencia
Ellos se ven entre cadáveres
y se regocijan.

IX

Quizá porque nos creemos menos miserables
aún no nos hemos detenido
mirándonos fijamente a los ojos
sin sonreír

seriamente
por primera vez
Acaso porque en el fondo
todos corremos en el mismo cuarto oscuro
no hemos hallado otro cuerpo
semejante al nuestro
sin herir
y es que a pesar de nuestra búsqueda
sólo nos pertenece lo que nos abandona
Sin embargo
¿no es prescindir demasiado
de todo aquello que nos nutre
cuando dejamos tantas preguntas por formular
tantas emociones por descubrir
en aquello que lo cotidiano
nos ha hecho hastiante?
Pues, ¿aun a sí mismo el hombre
se valora exactamente?

X
¿Qué hace la humanidad sobre la tierra?
¿de qué piel se libera cuando cae la noche?
Con lentitud morimos de nuestras decisiones
y del descanso en que se oculta
el que ha vendido al hermano
Nos endomingamos con pecheras sangrientas
no digo que la ciudad se haya ennegrecido
desde que el hombre fue clavado en la calzada

de nuestro tiempo
—la multitud hambrienta
extendió el brazo con el pulgar hacia abajo—
¿Qué ocurre en los días?
Ni siquiera se libra el odio
y las palabras de la tierra
son de ajusticiamiento y condenación
El poeta muere fuera de su tiempo
lanza su cuerpo hacia los astros
su podrida lengua
recorre toda la corteza del planeta.

XI

¿Qué le resta el hombre a sus años
por hacer su pacto
cuando del vencimiento se entrega al sueño?
¡qué carga de dudas en las doctrinas!
¡qué abandono de niños
se perpetra en las ciudades!
¿Se halla o se reconforta
al reconocer su rostro tiznado?
En la mano que levanta al sol del mediodía
—la soledad que antecede a las rupturas—
¿no se consumen sus falanges llenas de angustia?
y no deja de ser el mismo mundo
aquel
que destruyen los apresurados transeúntes

El mundo que yo imagino preservar
siendo tan sólo testigo del siglo
que con su visión será consumido
El animado
el fuerte
que surgió de las áridas estepas
y transcurre
quiere para su muerte
los anchos bosques de concreto
con los amarillos cuadrados
que surgen entre la noche
multiplicándose.

XII

En las grises piedras
de las calles lanzadas de palomas
la luz se confunde con el polvo
y chorrea pintura negra de los ojos de la ciudad
que ha velado durante la noche
Detrás de los bares
de las marquesinas
plantados
ellos vociferan su inaplazable miedo
tiran de sus nervios
mordisqueando periódicos
entre las paradas del tren
Los ojos de los vagabundos llenan de fiebre

las anchas aceras
los edificios crecen en nuestras retinas
como llamas de ciudades declinadas
mientras en los latones de basura se levantan
papeles llenos de agua negra
y los niños tratan de ocultar con sus juegos
la próxima hora de espanto.

XIII
Del calor que reducirá los árboles
de los que nadie tiene memoria
los más centrales de la tierra
que hacen del silencio un aplazamiento
con las furiosas aguas del mar
como potente destructor de las centurias
Aun las plantas que llevan en sus tallos las señales
son ignoradas por los confiados del tiempo
los que sueñan con la tierra inalcanzable
sin brotes de agonías
Pero no será el sabio el que dictamine
ni el juez conducirá
Las palabras se volverán cenizas en la arena
y de nuestros ojos
llenos de una luz aún más potente
sólo saldrá la definitiva paz.

XIV
Si tienen oídos oigan
el crepitar del fuego
en el fondo de la tierra
y el viento
que se adueña de las paredes
que ayer fueron sus obstáculos
sobre el páramo
de las diez ciudades sepultadas
hechas grotescas figuras de hierro.

Donde quizá
se ha olvidado la hoja de hierba
o la mano más roja del homicida
allí es la paz
y entre maderos y arenas cubiertas de negro aceite
el rostro del hombre de este siglo
En el silencio que estremece el lugar
donde los hombres formaron sus deliberaciones
sólo se extiende la palabra: Fueron
Ni siquiera el rastro de la voz
sólo un viento húmedo y cálido
recorre las vastas estepas
erizadas de cristales
todo como en el principio
en este pedazo de tierra.

AGUA

I

Entre la enorme muchedumbre que deambula
—ebria de luces—
mueren todos los significados
entre ellos
el murmullo de sus palabras
los preserva de la certeza de su soledad
de sus ínfimas vidas
construidas cada día sin el menor sentido
¿Quién más sola que la criatura humana
entre sus construcciones?
¿quién más desolada
en sus palabras brillantes?
Cada cual en su nombre
ocupando su pequeño hueco
en el vientre de la noche.

II

Pasan aterrados los amantes por la ciudad
preservando sus corazones
de la gran caza
que en la Tierra se ha desatado
Allí los solitarios
ocultando su ternura
debajo de los puentes

debajo de las máscaras
que exigen los días.

III
A veces parece
que sólo los árboles viven
en esta ciudad
A veces se descubre
que un niño aún puede reír.

IV
¿Qué obliga a la multitud
a cargar los días que odia?
¿qué obliga a las naciones a pactar
con las duras palabras de la guerra?
¿quién hace que la paz
oculte espadas en los días?
Las multitudes se refugian sofocadas
en los inmensos teatros
vociferan ante las pantallas
huyen de su rostro
entre los cuerpos ajenos
mas, ¿quién llena el hueco de su espíritu?
¿quién habla el lenguaje de su soledad?

V
No hay sino dolor en la ciudad
desde que recorrimos por primera vez sus calles

perdiéndonos en sus brutales edificaciones
rodeadas de palomas que se confundían
hartas de su estéril semejanza
En la gran tumba de la ciudad nos paseamos
con la libertad de los muertos
en la tierra en que se descomponen
Hacia el polvo nos empujan nuestros sueños
hacia el estado perfecto
donde hallamos nuestra exacta dimensión
nuestra única posibilidad de permanencia.

VI

No ha llegado el tiempo de la piedad entre la gente
No habrá compasión aún
para los que se pudren en las calles inmundas
para los que por amor se destruyen
con palabras atroces
La multitud es indiferente a sí misma
como si fueran importantísimos ceros
en una cantidad sin objeto
La raza humana carga su dolor
como algo ajeno
y cree a cada instante
poder abandonarlo
en cualquier parte.

FUEGO

I

Entre el vacío espeso que construye la ciudad
la especie humana levanta los patíbulos
ansiosos del espíritu que aún preserva
Han construido el horno que los consume
sin devorarlos
como a los cuatro amigos de Daniel.

Todo lo violable es perecedero
y cuanto más se acerca a las esencias
más se diluye
ante toda formulación: ¿qué es la verdad
por la que las muchedumbres escupen fuego
en los vientres de los príncipes?

¿Qué es la paz
por la que los pueblos se arman
por la que entonan marchas de guerra?
¿no es la paz el pequeño instante
en que el soldado carga su rifle?
¿no es acaso el descanso entre dos guerras?
Allí el enemigo de las multitudes
fue adorado como Baal
y puesto entre brasas el corazón de los solitarios
Fueron vendidas como reses

las carnes de los príncipes
en aquel mercado que levantaron en la nueva plaza
allí se sentaron en festín con sus filosos dientes
y los amos sucedieron a los traidores de la palabra
nutrieron sus cuerpos con mansos animales
encendieron sus lenguas
con grandes razonamientos
pero en el fondo todos llevaban
el rostro de la Bestia.

Descansó el hijo del hombre entre el fuego
descansaron las generaciones que lo sucedieron
exterminaron al sexo con azufre
durante la gran congregación
vencieron a la llaga de su espíritu
crucificaron al sexo en los mares de la sangre
—la muchedumbre cantó su grito de victoria
en la tarde de aquel día de tinieblas—
el vocerío persistió en la ciudad
hasta la noche de miles de antorchas
cuando las mujeres devoraban
las carnes de sus hijos
como muestra de júbilo
Recogieron el estallido de la alegría en la tierra
crepitante como las llamas en el corazón
de los jóvenes guerreros
en aquella época de los varones con grises sayales

en que las campanas ahogaban
los gritos e imprecaciones de las mujeres
cuando los viejos inquisidores
se trasladaban con sus maderos
semejantes a cruces
Entre el vocerío de la sangrienta multitud
salió de las cúpulas el sutil aroma del fuego
Entre las ojivas se deslizó el humo casi violeta
en que se despedazaban las lenguas de los frailes
acusados de concupiscencia
los que rodeaban la gran rueda de púas
a lo largo de toda la ciudad
casi cubierta de catedrales
Desnudos
refugiándose en sus barbas
endurecidas de sangre coagulada
con los ojos en blanco dirigidos
sin descanso a las estrellas
allí los esperaban los perros del señor de la tierra
y dieron cuenta de sus carnes parecidas al trigo
(sus pulidos fémures reflejaron la luz de la luna
a través de la larga noche de gritos)
Bajo el cielo de la ciudad
la muchedumbre se congrega
inician el rito del verano
bajo una hojarasca de gritos
Bajo el frescor de la brisa

llena de aromas entremezclados
se define la multitud encendiendo la pira
A los sacerdotes les son dejadas
las tres cuartas partes
de la ciudad
como legación
Ante el vuelo de las llamas en medio del mercado
los reyes se postran frente a la gran cruz de vidrio
que es suspendida en medio de la noche
La muchedumbre grita el nombre de los reyes
en señal de alabanza
hasta que interrumpe la noche
atravesando sus gargantas húmedas de sangre.

II
De la noche profunda de la ciudad
batiente de torbellinos de luces
que nos recuerdan
que aún la fresca sangre corre por sus calles
de allí huyó la paz definitivamente
ya que nunca hizo casa entre los hombres
y de la época sólo fue la mentira perpetuadora
en la guerra el hombre confronta
la dureza de su espíritu
el germen de la lucha produjo los astros
y nuestro cuerpo es una contienda
de pequeños organismos irreconciliables

Pues ha huido la paz
y de la confraternidad sólo sacamos
la árida contemplación de diferencias
de fingidas posturas
pero entre el potente silencio que las separa
la humanidad intentará destruir sus barreras
y se lanzará
pero el hombre sólo ve lo suyo
su pequeño mundo de inocencia y locura
La palabra que se adueñó
de los grandes imperios preservados en la historia
de ella se vale el señor de la tierra
para fortificar su vanidad
y fundar ciudades como flechas junto a los ríos
pero en su simiente va la mentira
y sus pensamientos son portadores de males
que esconde con gran celo y prudencia
Pero aquel que guarda su corazón
espera el tiempo de las lunas cubiertas de sangre
cuando las naciones lo enjuiciarán
y lo colocarán en la balanza
de las terribles exactitudes
Por Aquel las muchedumbres
pedirán a los tiranos la razón de sus palabras
levantarán sus brazos como un solo rifle
y reclamarán justicia
en aquella tarde interminable.

¿Qué busca la multitud al congregarse
al confundir sus camisas en las anchas plazoletas?
¿Puede el hombre luchar contra el pueblo
que es el mismo hombre
o no?
Pues, ¿no cesa de serlo
cuando este lo juzga
cuando lo obedece?
Nadie es el pueblo cuando todos temen su poder
y no formamos parte de él
pues de cada uno de nosotros
prescinde sin remordimiento
Empieza el éxodo de las eternas muchedumbres
el destierro donde todos exhiben sus vientres
como lagartos calentándose bajo el sol del mediodía
Allí no hay cabida
Sobre ese horizonte se levantan
las maldiciones de los hombres
No queda sitio en la ciudad
para el insumiso que levanta su nombre
como un látigo de fuego
Aquí: lo tenebroso
la oscuridad sin rostro
las bestias de la noche vomitando espuma
Y llegó la humanidad a su punto de confusión
cuando los hombres se miraron los cuerpos
y se hallaron en casas enormes y suntuosas

en las que se perdía el latido de su corazón
la fina transparencia de su espíritu
El Confundido atravesó las tinieblas
en medio de los ferrocarriles
de los anuncios lumínicos
que exasperan las avenidas
Se encontró frente al mar
al final de las calles
pero ni un estertor salió de su boca
ni un sonido
mas en su mente se agolpaban las palabras.

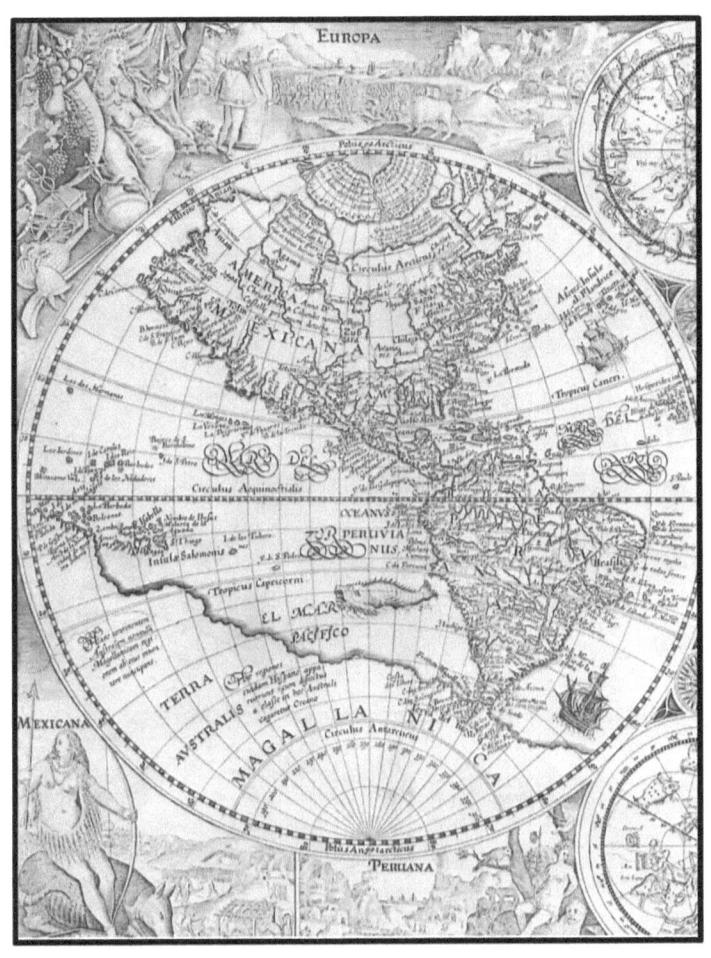

ORBE TERRESTRE

Saignon, 28 de agosto de 1970

A Mercedes Cortázar

Amiga, eso de contestarle una carta casi un año después es algo que
no se hace, pero ya ve que sí, y sin excusas, lo que es el colmo;
pero si me pongo a llorar sobre su hombro acerca de mi correo, mis
trabajos, etc., caeremos en la tontería definitiva. Si usted lamen-
tó mi silencio en algún momento, sepa que no fue intencional sino
un resultado de la vida absurda que este siglo y un cierto país
llamado Francia imponen a los que los transitan. Y basta de explica-
ciones, porque lo que quiero es hoy es agradecerle su mensaje y el
fragmento de su novela, que releí anoche cuando alguna conjunción
astral decidió que esta misma mañana iba a enviarle estas líneas.

No conozco sus libros anteriores (usted me dice que ésta es su
tercera novela), pero el fragmento que me ha enviado me da una im-
presión de madurez en todos los planos (eso que todavía llaman el
fondo y la forma, pero supongo que nos entendemos) y a la vez de
una distancia (¿deliberada?) con respecto a las corrientes actuales
de la "escritura". Las páginas que he leído tienen una atmósfera
que me atrevería a llamar "clásica" a riesgo de que usted se me enoje,
porque la palabra tiende a convertirse en palabrota para muchos,
aunque de ninguna manera para mí. Su texto es "clásico" como lo es
para mí la escritura de una Marguerite Yourcenar, o lo mejor de un
Alejo Carpentier, sin hablar del Gran Gordo Cósmico, el autor de
Paradiso. Aludo a una voluntad de apresar y transmitir el sentido
sin tolerar pérdidas más o menos aleatorias, sin esa apertura hacia
las elecciones o el instinto o la suerte del lector. Un clásico es
alguien que, a la hora de escribir, prefiere no contar con el azar,
pues tiene en sus manos todos los elementos necesarios para expre-
sar lo que le interesa; es sobre todo una cuestión de actitud perso-
nal, que se traduce en seguida en la forma, en la atmósfera de lo
narrado. Y "Orbe terrestre" se sitúa en esa línea de escritura, es
realmente el portulano a que se alude al comienzo, con sus galeones
y sus monstruos marinos cuidadosamente dibujados por un cartógrafo
que busca evitar el "horror vacui" a su navegante de y en el papel.

Esto, como ve, es apenas una impresión superficial, pero para
decirle más, si alguna vez le interesara, querría leer todo el li-
bro; lo que he visto me interesa como para desear más conocer el res-
to; tal vez la novela está incluso ya impresa, y usted tiene un ejem-
plar para mí. En todo caso, las páginas que he leído, y la amistad
de su carta (que por suerte, como usted misma lo dice, no es una
carta de admiradora) me dejan con el deseo de entrar más adentro en
su obra.

Gracias, entonces, tocaya por el lado del apellido, y reciba un
saludo muy cordial de su amigo

Facsímil de la carta de Julio Cortázar, escrita en frágil papel cebolla.

CARTA DE JULIO CORTÁZAR
A LA AUTORA

Saignon, 28 de agosto de 1970

A Mercedes Cortázar

Amiga, eso de contestarle una carta casi un año después es-algo-que-no-se-hace, pero ya ve que sí, y sin excusas, lo que es el colmo; pero si me pongo a llorar sobre su hombro acerca de mi correo, mis trabajos, etc., caeremos en la tontería definitiva. Si usted lamentó mi silencio en algún momento, sepa que no fue intencional sino un resultado de la vida absurda que este siglo y un cierto país llamado Francia imponen a los que los transitan. Y basta de explicaciones, porque lo que quiero hoy es agradecerle su mensaje y el fragmento de su novela,[9] que releí anoche cuando alguna conjunción astral decidió que esta misma mañana iba a enviarle estas líneas.

No conozco sus libros anteriores (usted me dice que esta es su tercera novela), pero el fragmento que me ha enviado me da una impresión de madurez en todos los planos (eso que todavía llaman el fondo y la forma, pero supongo que nos entendemos) y a la vez de una *distancia* (¿deliberada?) con respecto a las corrientes actuales de la «escritura». Las páginas que he leído tienen una atmósfera

---

9 *NOTA DE MERCEDES CORTÁZAR: Orbe Terrestre* en el principio era una novela, pero recientemente me he dado cuenta de que es realmente un poema largo. Debido a su gran extensión lo he dividido en dos: la primera parte, que tiene la unidad de un poema terminado, es la que se publica aquí como *Orbe Terrestre*; la segunda se publicará posteriormente bajo otro título. Esta primera parte fue la que le envié a Julio Cortázar.

que me atrevería a llamar «clásica» a riesgo de que usted se me enoje, porque la palabra tiende a convertirse en palabrota para muchos, aunque de ninguna manera para mí. Su texto es «clásico» como lo es para mí la escritura de una Marguerite Yourcenar, o lo mejor de un Alejo Carpentier, sin hablar del Gran Gordo Cósmico, el autor de *Paradiso*. Aludo a una voluntad de apresar y transmitir el sentido sin tolerar pérdidas más o menos aleatorias, sin esa apertura hacia las elecciones o el instinto o la suerte del lector. Un clásico es alguien que, a la hora de escribir, prefiere no contar con el azar, pues tiene o cree tener en sus manos todos los elementos necesarios para expresar lo que le interesa; es sobre todo una cuestión de actitud personal, que se traduce en seguida en la forma, en la atmósfera de lo narrado. Y *Orbe Terrestre* se sitúa en esa línea de escritura, es realmente el portulano a que se alude al comienzo, con sus galeones y sus monstruos marinos cuidadosamente dibujados por un cartógrafo que busca evitar el «horror vacui» a su navegante de y en el papel.

Esto, como ve, es apenas una impresión superficial, pero para decirle más, si alguna vez le interesara, querría leer todo el libro; lo que he visto me interesa como para desear conocer el resto; tal vez la novela esté incluso ya impresa, y usted tiene un ejemplar para mí. En todo caso, las páginas que he leído, y la amistad de su carta (que por suerte, como usted misma lo dice, no es una carta de admiradora) me dejan con el deseo de entrar más adentro en su obra.

Gracias, entonces, tocaya por el lado del apellido, y reciba un saludo muy cordial de su amigo

Julio

I. EL MAPAMUNDI ANTIGUO EN LA BIBLIOTECA DE LA CIUDAD NUEVA

Además de los colores impresionantes
de esos rojos diluidos y estriados sin remedio
por una brusca disminución del color
por una intermitencia que la retina registra implacable
además de esos vahídos del color
la imagen se abre
como cola de pavo real
como secreto largamente guardado.

Orbis Terrarum
impreso sobre las dos circunferencias
que recuerdan la dicotomía de la realidad
la polaridad de los sexos
las corrientes positivas y negativas
Cada línea gravita sobre la superficie áspera del papel
sobre el color arenoso que le atribuye
una seriedad antigua
que nos hace recostar contra la pared
sosteniéndonos con los codos
y perder la mirada en un punto indefinido
que bien puede ser una hoja que vacila en el espacio
o una partícula de polvo
súbitamente descubierta por un rayo de sol.

La realidad se hace concreta
protuberante
capaz de ser registrada por el sentido del tacto
y a su vez archivada como una evidencia
Multitud de percepciones diversas se funden
incandescentes
presentándose con una voluminosa apariencia
difícil de precisar en detalle
pero asequible en su totalidad
como un brusco despertar a medianoche
mientras afuera azota la tormenta.

Y el fuego se hace figura danzante
enigma proteico
mago de luz
que permea esos átomos indigentes
desprovistos de sugerencias
y los hace vibrar en distintas escalas
en desconocidas tesituras
como en una gruta de resonancias
donde los sonidos se multiplicaran
y no tuvieran fin.

Orbis
y el panorama se abre como piernas de ramera
ante la mirada avariciosa del intelecto
frente a su cansado estupor

Sobre esa superficie áspera al tacto
erizada de una pelusilla amarillenta por los años
las líneas negras resaltan
gracias a una progresiva disminución
del color del fondo
que el ojo distingue con certeza
rayas irregulares
caprichosas
que bordean los continentes
marcando océanos de tinieblas
donde la mano segura del dibujante
creó extraños monstruos
que lanzan chorros de agua y espuma
por los orificios frontales.

Los círculos se abren sobre el papel
como las caras de una naranja madura
llenas de hendiduras
arabescos
galeones
latitudes
Bajo el cristal late este universo
de seres mitológicos
esta carta náutica orgullo de otros siglos.

II. LA ÉPOCA ACTUAL AL SALIR DE LA BIBLIOTECA

Ahora
si se lanza una mirada a la calle
en vez de caballos y carrozas imperiales
se observan automóviles
pintados de colores brillantes
conducidos por seres peculiares
pequeños y endebles
enardecidos por el paso vertiginoso del tiempo.

Dentro de esos acuarios rodantes
un mundillo en perpetua ebullición
toma forma
juguetea en el aire
se desintegra
dejando en la atmósfera
unas cuantas chispas tardías
En esas cabezas
un cosmos brota del agua primordial
dejando atrás las antiguas tinieblas
y formando una nueva esfera de luz
poderosa
centrada en sí misma
la cual se encargará de girar
indiferente al júbilo que provoque a su paso

En la mente de estos seres
multitud de hechos desfilan como relámpagos
encadenándose unos con otros
como la serpiente china
que muerde su propia cola.

No hay veracidad en estas abstracciones
y las figuras detrás de las ventanillas
podrían muy bien ser insertadas
en un álbum de familia
o colocadas en las vitrinas de un taxidermista
Sin embargo
hay algo tenue que une estos cuerpos
una oculta complicidad
como si lanzasen filamentos gelatinosos
que los entrelazaran
al igual que los microorganismos
Dentro de esas apariencias
en perpetua locomoción
un vacío se abre paso
precipitando en la inexistencia
un marasmo de cosas
hechos
seres.

III. LA VIDA EN LA CIUDAD NUEVA

Seres que se enlazan en los desvanes
se juntan en los mercados públicos
se unen en las grandes concentraciones políticas
donde se cubren de una albúmina triunfante
que les da la apariencia de larvas
regocijadas en una larga modorra.

La ciudad abre sus fauces de acero
multitudes
anónimas
anhelantes
devoran imágenes
sonidos
y una gran gama de colores iridiscentes
pisan el pavimento
y las antiguas fantasías comienzan
a desfilar por la memoria
con sus grotescas contorsiones
con su peculiar concepto del espacio y el tiempo.

La ciudad
concha deshabitada
esqueleto calcáreo de monstruo marino
al caer la noche
se llena de ecos y luces

pertenecientes a un pasado remoto
pero de indudable esplendor
Esa evocación antigua
es un talismán que los protege
pero a la vez los enfrenta
a su más recóndita culpa
Descubre su carencia de peso
su imitación constante
su teatro de máscaras y afeites.

Al encontrarse frente a los espejos
encorvados y blancuzcos
reblandecidos
semejantes a gusanos envueltos en harina
una súbita oleada de vergüenza los cubre
Como una garra gris
el cielo de la ciudad
se lanza entonces sobre su presa
Suelta las estrellas como bisutería desdeñable
y muestra al fin su feroz apariencia
Se ve desplomarse la bóveda protectora
el benéfico cielo de otoño
la ingenua luna
las graciosas estrellas
El cielo
haz de llamas que cae
mar de azufre que se esparce

ese sonido tan potente que hace vibrar cada objeto
que se confunde casi con el silencio
Sujetémonos en este valle de sombras
se murmura
démonos las manos
como las figuras de papel
que los niños recortan para su diversión
Cuán cálido es el repentino contacto
cuán húmeda la epidermis sudorosa
Acariciamos las líneas
convergentes
divergentes
de su superficie
Intuimos su secreto
de venas
arterias
circulación sanguínea…

Es la presencia del semejante
el doble vulnerable
sin raíces sobre la faz de la tierra
sin techo sobre su cabeza
con enormes ojos
donde se advierte la destrucción
en todos sus detalles
El Otro
se asoma a la ventana

deja balancear la cabeza
y contempla el amanecer
ese cielo estriado de luces naranja
grávido de expectaciones
esas manchas grisáceas
que forman las aves en pleno vuelo.

IV. RECUERDOS DE LA CRUEL
CIUDAD NATAL

El Otro
suele torturar las hojas
y partirlas
mientras observa ausente
el fluir de una savia incolora
pegajosa
que cae gota a gota
de esas hendiduras de un verde profundo.

Ha acudido a espectáculos de crueldad colectiva
donde una multitud efervescente contempla
regocijada
como un hombre se debate
entre la vida y la muerte
Ha presenciado esos ritos del odio
y como todos
ha escudriñado los ojos de la víctima
en busca de la mirada de terror
que hará su placer más completo.

El Otro
es un refugio
para las horas que enferman de muerte
para ese porvenir

que se presenta destilando sangre
Bajo la pálida luz que proyecta la lámpara
su figura se observa con precisión
sus brazos
protegidos por mangas de camisa blanca
que hace dulces pliegues en los codos
sus ojos detrás de cristales
que reflejan el mundo exterior
en círculos arbitrarios
deformados
que lanzan intermitentes rayos de luz.

El Otro
medita tras sus paredes
sentado ante su ventana
protegido por el paisaje de sus estantes
llenos de libros y discos
Sus alfombras felpudas
absorben el sonido de inmediato
Esa forma que medita es el Otro
el Tú que se escurre y se protege
que se dice «Yo»
y cubre esa palabra de encanto sentimental
trayendo escenas de bautizos
fiestas de cumpleaños
primeras cópulas
hechos

palabras
en fin historia
Es lo que está fuera
y al mismo tiempo dentro
de su propia realidad
Lo que juzga y esgrime extrañas razones
lo que condena
y a veces aprueba
con una sonrisa
de suprema comprensión
El ser que se mueve y procrea
que hace las leyes
e investiga en los laboratorios
con olor a cloroformo
tras la ventana hace funcionar sus neuronas
agita su sistema endocrino
sus válvulas
crea su cosmogonía
utilizando su yo como un lente de aumento
para presentar una realidad
aprehendida
por sus insuficientes sentidos.

V. ANÁLISIS DEL SER

¿Es o no es así?
¿Se debe todo a un error
epistemológico o parcial
de detalles
de sutiles facetas
pasadas por alto en la prisa de entender?

Eso que se presenta a la mirada
con la inocencia de un paisaje
con toda su meliflua pasividad
eso demuestra ser más poderoso
en su misterio
que el ser incansable
en busca de sentidos
relaciones
orígenes.

Se presenta en tres dimensiones
como una instalada totalidad
con sus propios sistemas y leyes.

Aguarda
o más bien
se regodea
en una febril actividad cerebral
disimulada tras un aparente estatismo.

El lóbulo frontal se afana
la sangre fluye
a esas redes que se comunican
por impulsos eléctricos
por reacciones químicas
y que intentan poner
en forma lógica
la naturaleza
de otros tejidos del exterior
su coherencia
sus interrelaciones
su objeto
Cada neurona danza
con una chispa de luz en su núcleo
con una interpretación jubilosa sobre lo exterior
con una fisura en el mundo de lo incognoscible.

VI. EL OTRO VISTO POR LA VENTANA DE SU APARTAMENTO

Afuera
la ventana se muestra como una interrogación
pero vista desde dentro
es un modo de adquirir conocimiento
Y el hombre de la camisa blanca
con pliegue
vertical
centro espalda
y pantalones grises que languidecen en su anchura
intenta apresar hilos
que conecten verdades abstractas
con hechos concretos.

El Tú investiga
examina sus códigos
ordena sus diversas informaciones
como un todo coherente
del cual brotará un sistema.

El Yo observa
Yo, qué palabra de terror
El Tú es observado
sin embargo
a su vez observa otras cosas

y se fatiga con los significados
¿Qué constituye el Yo
y qué ha creado el Tú?
Generaciones
países
idiomas
detrás de esas palabras
la historia de la humanidad
La aventura de los genes
repitiendo el monótono rito
de la reproducción
para su beneficio
para que permanezcamos como oscuros testigos
de lo que está más allá de nuestra comprensión
Para que abramos los ojos
ante el insolente espectáculo de un cielo estrellado
en el que cada punto de luz es un sol
tan enorme que su imagen mental
nos hace enloquecer
Ante esos millares
de cuerpos celestiales
gigantescos
sostenidos en el vacío
por leyes que nombramos
pero que no entendemos
que giran
hacen sus cabriolas
sus gracias

el ser humano pierde el equilibrio
se anonada
en lo microscópico de sus concepciones
en su falta de peso
en su horror.

Como contraste
como ironía delicada
el interior se despliega
ingenuamente
ahora
en este momento hurtado a la eternidad
vibra con la alegría astuta de la semilla
de la naranja
sabedora de la potencia que encierra
de sus posibilidades
del futuro
que será su propia justificación.

El exterior
es la calle
que se lanza en dos direcciones opuestas
esa hilera de casas apretujadas
esa febril actividad mecánica y muscular
La sombra que pasa
es un ser protegido por el incógnito
hecho objeto
dado a su impenetrabilidad

El hombre constituye una parte del paisaje
y contra él se incrusta
Su familia
su nombre
su lugar de nacimiento
y demás datos
que le harían tomar corporeidad
son desconocidos
Sólo su mirada es un dato
únicamente sus ojos
ofrecen una hendidura en su misterio
¿Qué dicen los ojos de estos hombres y mujeres
estas masas ambulantes
de estas miserias que se arrastran
de estos protozoarios insolentes
que gritan
patalean
e intentan plasmar su visión del cosmos?

Sus ojos son mares prehistóricos
donde aún vibra el terror de las criaturas increíbles
de los monstruos enormes
que hacían del océano su teatro de horrores
Aún se siente el vuelo de esas aves
que surcan el espacio
y cubren el sol con sus alas gigantescas.

El laberinto de la palabra
aún no ha sido explorado
y yo
el cazador
te observo
pero no te reconozco
No pienso que eres yo
o quizá tú
sino que hay una figura frente a mí
un animal bípedo y erecto
del cual puede venirme la Muerte
Sólo el hacha hundida en tu cabeza
me dará la medida de lo que eres
y en tu sangre derramada
veré tu expresión más lograda
tu contraseña.

O es posible que sea desposeído
y las noches que me esperan
se conviertan en pozos humeantes
gélidos
de los que brote un agudo chillido
que atraviese los músculos en un temblor
Largas noches
en las que el horizonte se abre
interminable
en las que la luna aparece

como una afirmación del vacío sideral
indiferente a toda emoción humana
y en las que el mar bate
y las hojas se mueven
con ese monótono murmullo
que hace pensar en alguna oculta complicidad.

La luna es esa gran maga
que seduce
que ilumina
las rotundas sombras
y les da un cierto brillo blanquecino
cierta vaguedad
y que poco a poco
tras las nubes
se desvanece
en un misterioso
fulgor.

A lo lejos
se divisan los árboles
entrelazados
mezclando sus copas
como cabezas de gigantes
moviéndose al compás del viento
que trae el frescor del agua que salta
y los aromas de la noche
concentrados en un vapor dulzón.

La noche
es este verdor oscuro que aterroriza
esta presencia ávida
de las bestias acechantes
atentas al más leve rumor
estos arbustos
parcialmente iluminados
con sus figuras sin geometría
sus ásperos peñascos
sus repentinas claridades
que reflejan la luz de la luna
que se pasea
y se oculta a veces
entre franjas de vapor
filamentos
de un blanco brillante
rosáceo en sus bordes.

La soledad
es el sonido del eco
cuando atraviesa la llanura
es el piar de las aves recién nacidas
aguijoneadas por el hambre
y la espera angustiosa
Entregada al azar
el ave proveedora
quizá ha sido detenida por una tormenta
o ha caído

exhausta
agitando sus alas
lanzando un
último
agudo
chillido de dolor.

Se aguarda
y la noche crece
se posesiona
invade las cosas desde dentro
como un temblor.

VII. VUELTA AL MAPAMUNDI

Bajo el cristal
las líneas de dirección
brotan de la rosa de los vientos
con su triunfante flor de lis
apuntando al Norte
se entrecruzan
se pasan por encima sin mezclarse
conservan su homogeneidad
hacen más exacta
la aguja imantada de la brújula
El portulano
determina las irregulares costas
de tierras desconocidas
muestra mares perdidos entre mujeres rollizas
grotescas definiciones de mar y tierra
establecidas por cabalísticos soñadores
y navegantes
Las dos mitades de la esfera terrestre
se adhieren al papel
se despliegan ardorosas
ante los ojos que calzan unos quevedos
ante la mirada altanera del ojo desnudo
y la pupila joven.

Plasmados en el papel
esa concentración de fauna y flora
el viejo Bóreas inflando sus cachetes
y soplando el gélido Septentrión
las indias misteriosas que languidecen
sensuales y rechonchas
abrazadas a doradas cornucopias
que derraman flores y frutas.

Nuevo Mundo
sus costas se pierden
en la imprecisión de las conjeturas
los sueños de Américo Vespucio
impulsan la mano emocionada del dibujante
En esa dimensión mítica
las fantasías de otros siglos
adquieren corporeidad
reinan en la superficie
atravesada por la tela de araña
de rayas verticales y horizontales
de antípodas
trópicos
polos
donde convergen
para después desaparecer
al borde del amarillento pergamino.

El antiguo delirio
permea las formas coloreadas
e invisible
detrás del nombre otorgado
gracias a un antiguo error
se esconde su verdadero título
Región Hiperbórea
Terra Australis Incognita…

VIII. EL COSMOS EN LA NARANJA

Dentro de la fruta
de un amarillo cubierto de partículas brillantes
en el centro de ese pequeño cosmos
grávido de secretos largamente meditados
hechos líquido y encerrados
en esa materia dúctil
cual piel humana
separados por tabiques más sólidos
ordenados con sabiduría geométrica
dentro de esa fruta
se realiza la maravilla del orden
del principio y el fin.

El sol atraviesa sus pequeños poros
rodeados de puntillos que se regocijan
que destilan la luz como miel celeste
La fruta se exalta con sus semillas
y su cargazón de jugo
de líquido dulzón
moroso
que corre con dudas
a causa de su espesor.

La naranja observa al mundo
y se mueve rítmicamente en su rama

acomoda sus hojas
se solaza en su voluptuosa redondez.

Sabe que es perfecta
que su forma es símbolo de la eternidad
e intuye los sagrados preceptos
de la religión oriental
encerrados en pagodas puntiagudas
y en montañas nevadas
que se pierden
en una miríada de grávidas nubes.

¿Qué es todo este espectáculo?
¿Qué es este carnaval de las formas
que envuelve los sentidos
en una orgía de percepciones exuberantes?
El néctar de la vida se desliza
penetra como un puñal
a través de los ojos
y se clava en el cerebro
en forma de placer o certeza.

Entonces se duda de la veracidad de una naranja
de su secreto
guardado con lasciva obsesión.

Sin embargo
ella permanece

afirmando
agarrándose tenazmente a su rama
esperando la mañana
con una paciencia temblorosa
presintiendo desconocidos placeres
abiertos horizontes
donde su cáscara
dejará de ser su limitación.

¿Es la creación
este júbilo enloquecedor
mezclado arbitrariamente
con el dolor que causan la fealdad
la enfermedad
la incapacidad
la vejez
la Muerte?

¿Cómo avisar al fruto de su destino
del momento en que se precipitará del árbol
y caerá con triste estruendo
regando sus semillas
y su jugo pútrido
sobre la tierra?

Ya se vislumbra su masa pulposa
negruzca

habitada por gusanos
blancos y sinuosos
amontonándose
y tropezando unos con otros
formando concilios
organizando su trabajo de destrucción.

Y la fruta
abierta como una herida en los intestinos
deja escapar por las comisuras
una colonia de criaturas ávidas
esparce su hedor con impudicia
como un último gesto de abandono.

La mañana nos trae otra realidad
la mañana nos presenta la alegría de su forma
sus colores en el cielo
amarillos vidriosos
radiantes
incandescentes
Su balancearse
su acomodo en el regazo del viento
esa manera apacible de estar y pertenecer…

¿Por qué predecir su decadencia
cuando todo lo que la rodea
proclama su esplendor?

¿En qué momento
se revelará su verdadera naturaleza
y será de una forma total
dominadora
dueña y señora de su esencia?

¿Cuándo su apariencia se volverá feroz
indestructible
como una manifestación
de todo lo que se mueve
o se enraíza a la tierra?

IX. PREGUNTAS DEL SER

¿Qué merece ser dicho?
En el torbellino de las palabras
¿cuál escoger?
¿Cómo reanimarlas
cómo alargar el oído
en la boca del moribundo
y recoger esos sonidos
que ya no son de este mundo?

Afuera
reina la actividad
millones de palabras se pronuncian
¿Por qué escoger esta y no otra?
¿Este pensamiento y no el otro?

Dentro del cuerpo hay otra actividad
el organismo
El cerebro con sus mensajes
haciéndose cargo de todo
ordenando
decidiendo
descartando
Entre esas actividades
el ser humano con precario equilibrio
La pequeña cuerda estirada

a la máxima tensión
entre la trascendencia y la vacuidad
¿Por qué escoger la trascendencia?
¿Y cuál es?

Ante nuestros ojos
pasa un remolino de hechos
cosas
seres
¿Por qué escoger entre ese montón
y poner una etiqueta
que diga
«trascendente»?

X. LA EXTRANJERA

La noche se alarga
Nuestra amiga se acerca
nos extraña su manera de hacerse presente
de ir atravesando calles que no vemos
de posponer negocios que ignoramos
y entre esa maraña
que constituye un día de su vida
encontrar el camino hacia nosotros
amigos.

Abre la puerta y penetra
Hay un dolor en su entrar
un terminar de ser para la calle
un comenzar a existir para nosotros
Queremos detenerla
en ese proceso químico
de adaptación al medio
Queremos interrumpir esos cambios
esa superproducción de adrenalina
que le abulta las mejillas
y le sonroja el color
«¡Basta, no actúes!»
decimos casi entre dientes
o sentimos que decimos
o soñamos que pensamos decir.

La vemos completamente limitada
y nos percatamos del esfuerzo
de nuestro cerebro
para componer una imagen
de esa masa gaseosa
Miramos al espejo
y la vemos entrar de la misma forma
sólo que a la inversa
todo cambiado
La miramos en el sueño
y la perseguimos por una calle de la infancia
tomamos extraños autobuses
y la seguimos hasta su casa
miramos por las persianas
los postigos
las rendijas
las pequeñas ranuras en la pared
por el ojo de la cerradura
por todos los sitios posibles
en que puede introducirse
nuestra mirada indiscreta
Allá dentro
observamos escenas de intimidad cotidiana
no destinadas para nosotros
sino para la trivialidad del hogar
pequeñas acciones
entre pequeñas cosas
y pequeños seres.

Imaginamos dejarle mensajes escritos
de enfermeras que necesitan su presencia
de inmediato
de camareras que la solicitan.

La vemos en nuestro apartamento
y ahí está
sentada
soportando nuestra mirada
sentada sobre la cama de manera pornográfica
copulando con la cama
casi invisiblemente
acomodándose demasiado a esa cama
de nuestro cuerpo y no del suyo
Se protege con discos
los acomoda sobre sus muslos
hace comentarios
mueve las pestañas
En nuestra fantasía
la enorme catedral se llena de un vaho rojizo
Nos levantamos en medio del fuego
cubiertos de cadenas mohosas
desnudos
llenos de grasiento sudor
Todos nos mezclamos en un solo cuerpo…

En tu pupila la luz decrece.

XI. MÁS INTERROGANTES

¿Qué decir ahora
en este momento?
La molestia nos inunda
¿Qué decir?
¿Qué decir en el torbellino de la existencia
en el sinsentido?
¿Por qué organizar el mundo
escoger las imágenes
decidir entre un código y el otro?

Entre las formas tan sutiles de la esclavitud
las maneras tan delicadas
de perderse en laberintos
de transigir
de dejar de ser
en un terrible momento
del que depende todo
En ese momento en que
el sí o el no es tan decisivo
en que cada gesto cuenta
cada mirada
cada palabra pronunciada o pensada
en ese momento crucial
en que todo está en juego
en que seremos réprobos o héroes

en nuestra propia obra
en nuestra siniestra parodia de la existencia
En ese momento
renaces en nuestra mente
eres reconstruida
pequeña criatura insignificante
porque no es lo que eres lo que importa
sino lo que haces intuir
lo que haces brotar
de esa madeja de absurdos
de ese cristal del tiempo
que se volatiliza sin cesar
de esa amarga historia de la imaginación
en la que ignoras que has tomado parte.

Porque tu ignorar
tu estar ausente
es parte de ese juego macabro del Ser
es parte de ese deseo de explotar
de perderse con el universo
en una enorme llamarada demente
en medio del escarchado cielo
de una negrísima noche de invierno.

¿Qué más da?
¿Hemos de escoger?
¿Se nos permite el lujo de elegir las bases?

¿Se nos permite seleccionar los parlamentos
de este interminable drama
que ya cansa
que ya se ignora a fuerza de repetirse?
¿Qué podemos decir nosotros
pequeñas criaturas sudorosas e insignificantes?

Todo esto nos asalta al despuntar el día
todo esto nos atenaza la garganta
cuando surge la carnosa aurora
con sus famosos dedos rosados
cuando todo canta
por lo menos las aves
y se extiende sobre la ciudad
una niebla benigna
que invita a la introspección
y al silencio
¿Seremos la exacta reproducción
de nosotros mismos
en nuestro Gloria Patri
en nuestro coro y aleluya?

Es hora de recorrer los museos
en busca de nuestro eco
creyendo escuchar la voz
de la civilización que nos corrobora
que nos da pie y base.

¡Qué dialéctica entre los cuerpos
y el espacio desatas!
¡Qué siniestra galería de voces fantasmales
de océanos que se devoran
entre el horizonte del sueño
y el despertar de la noche!

XII. LA VENTANA DE NUESTRO APARTAMENTO

Nos consolamos
con el paisaje que se captura
a través de la ventana
con esos árboles secos
retorcidos
iluminados de repente
por una débil luz naranja
recortados en un cielo azul hiriente
Observamos detenidamente sus transformaciones
el paso lento del sol
hundiéndose en Occidente
Proyectamos algo de esta expectación
de estos minutos a punto de estallar.

XIII. LA EXTRANJERA EN NUESTRO APARTAMENTO

Tú también contemplas
y en este instante
tu rostro muestra los más variados matices
tan pronto se expande
y te permites sonreír
como se contrae
dibujando esas dos líneas profundas
en el entrecejo
haciéndote envejecer en una aguda crispación.

La ventana se convierte
en la única escapatoria posible
proyectándonos a través de ella
¿Qué alternativa queda?

Ah, le dije
si pudiéramos modificar las reglas del juego y decir
«Te lo prohíbo
De ahora en adelante
repetirás mis palabras y mis gestos
Te condeno eternamente al plagio».

Tener frente a sí
(¿así al frente?)
ese cuerpo moldeable

esa figura agraciada
dispuesta
quizá
a obedecer los menores caprichos
o a ejecutar los más pequeños actos
sólo que las reglas del juego no nos pertenecen
fueron escritas por otros
están desde hace tiempo
fuera de nuestro alcance
y se complacen en frustrar
nuestro mayores anhelos
nuestras fantasías más disparatadas.

La palabra no puede tender puentes
la palabra es un sonido vacío
que cae como algo desinflado
muerto
en el idioma que la hace inteligible
y que en los otros mil ajenos es sólo ruido.

Únicamente existe una probable comunicación
y esta es muy subjetiva
es como una relación animal
como ir acercando nuestra existencia
y volcarla sobre otro como una secreción.

Abriendo esa fisura
en el mundo de la comunicación

salimos de este estado de intolerable perplejidad
Y así Átropos
con la mirada perdida en el horizonte
se dedica con precisión
a cortar sus trágicos hilos.

Ahora
la ciudad se contrae y se expande
como un animal gelatinoso
que lleva dentro de sí algún germen de esperanza
Dentro de pocos minutos
todo esto no será más que recuerdos
u olvido
el agudo sonido
de una flauta
en la distancia
y los graves latidos
apresurados
del corazón
Gestos y vacíos que nos prolongan y nos separan.

XIV. EL VERANO

Nos consolamos con el paisaje
que se divisa a través de la ventana
con esos árboles renacidos
de verdes hojas
contra un fondo azul celeste.

¿Qué alternativa queda?
Te lo pregunto sin hablar
pues tu angustia es semejante a la mía
En estos momentos
hay una especie de complicidad
nos mandamos mensajes
sé que piensas en otras tardes interminables
que divagas
Sin embargo estamos aquí
observando el lento vuelo de las aves
en una joven
cristalina
tarde de junio
Escuchamos los sonidos del exterior
Espiamos a los árboles
tan plenos y distantes
Ninguna palabra se permite en esta confusión
ningún gesto demasiado brusco
sólo esta sensual languidez
de la primera juventud.

XV. FIN DEL OTOÑO

El otoño ya termina
y casi no se ha sentido
Todo son corrientes de percepciones
vibraciones
y desconcierto en el aire
Parece que nos deslizamos en la eternidad
o que caemos en círculo dentro del abismo
Parece que el eco reproduce nuestra voz
como una cámara de espejos
Parece que el tiempo abre sus puertas
inclina sus espadas
Parece que nos descomponemos en cada palabra
que evitamos las causas y los objetos
que nos tiramos al espacio por la escotilla.

Y así es
las plantas se desvanecen
en este otoño que no existe
que es una espera ante un salto mortal
un redoble de tambores para el acróbata
un pase a supernova para la moribunda estrella.

Ahora nos movemos
Ayer estuvimos detenidos todo el día
paralizados por la lenta agonía de la juventud
abrumados por tantas cosas a la vez
tantos torbellinos

tantos rostros
cuerpos
pensamientos
todo formando una masa incoherente
compacta
abigarrada
girando sin descanso
ante la intensidad de este temblor.

Nos recuperamos
Salimos de los escombros
como víctimas de bombardeos nucleares
con cabellos de Gorgona
rostro de estupor
ojos perdidos
en la lontananza de lo incomprensible
en la ausencia de perspectivas
sin símbolos que ayuden a vivir
Totalidad de luz potentísima
imposible de aprehender
por la calidez del corazón
imposible de asir por nada
indescifrable en su soberbia
en su constante transformación
en su eterno fluir hacia otro rostro.

XVI. EL INVIERNO

Lo presentíamos
Quizá en algunas visiones
en el angustioso despertar
después de un sueño profundo
en ese enervamiento que precede a la catástrofe.

Fue así
Tres días antes
explicamos con lujo de detalles el destino
las razones lógicas
para que nos tomase la irracionalidad por asalto.

Le dimos ilación a la incoherencia
peso a lo superficial
belleza a lo grotesco.

Como entre volutas de humo
el futuro aparecía
se proyectaba sin fin
ponía en evidencia sus gestos.

Nos sumergíamos en sus emanaciones
entrábamos en ese juego de los sentidos
que habíamos olvidado por largos años.

Fantasía en el juego de la pasión
arte en su humo alucinatorio
hermosura en el juego de las apariencias
libertad en los miembros
apertura en el pecho.

El corazón devorando siempre a sus presas…

La nieve
afuera
contemplaba la casa
estupefacta
observaba nuestra ventana
espiaba sombras y silencios
La nieve permanecía en las ramas
y en la calle
amontonada
su reflejo azul
sus arrugas
su crujir…

Dentro
el carnaval humano
la sinrazón
Su descenso
en medio de la noche
nos había estremecido.

Era ella la que comenzaba los ritos
la que aparecía con resplandores solares
blancas llamas trenzadas
surgiendo de sus espaldas.

La vida era entonces algo vibrante
una aventura desquiciada
extremos alargados
tensión hasta morir.

XVII. LA NIEVE AL AIRE LIBRE

No sé si fue la iluminación
La nieve resplandecía
rosada
oscurecida
por algunas huellas
azulosas
diminutas
de niños
sobre su superficie
Cuando nieva
los ruidos de la vida se ahogan
todo es expectación
La luz vespertina entraba por la ventana
y el reflejo de la nieve
era como una pequeña aurora
sobre la amarillenta espuma
las tiernas sombras
se disolvían en las paredes
del interior de la casa.

Ahora
el sol brilla
pero sabes cómo hieren sus rayos
cómo el paisaje de invierno
enardece los sentidos

cómo descubre esa madeja del universo
en la que nuestro planeta es invisible.

Revela arcoíris en la mente
falacias en las palabras
espinas en el silencio
que penetra el corazón.

Esta bóveda estrellada
esta noche de brea hirviente
que te aplasta con su esplendor…
Este frenesí de las bestias en la jungla
proclamando su libertad con señorío
escudriñando los ojos de la noche
husmeando la sangre fresca…

Esta colisión de galaxias
esta formación del primer sol
en el gas y el polvo
de una nebulosa recién nacida…

Este universo de luces enloquecidas
moviéndose en el rojo y el púrpura del vacío…
Esto es transmisible.

Esto es real.

Pues todo se nos escapa
y sólo el latido del corazón nos pertenece
reclama nuestro derecho de vida
sólo este brillo
que nos hiere con su generosidad
sólo el musitar de la existencia
que recibimos como una voz
manando en el desierto
surtidor de agua pura y cristalina
en la arena cuarteada
que canta en el horizonte
que se confunde con los arrecifes
que nos lleva a la claridad de la Muerte
seducidos por su negrísima hermosura.

LA AFRODITA DE CNIDO

LA AFRODITA DE CNIDO

El visitante
te sorprende
en el baño
cuando miras
el reflejo de tu piel
en las aguas que te rodean
Si levantas los ojos
puedes ver Rodas
en la distancia
pero sigues observando
tu reflejo
el mármol
transformado en piel
el dulce juego de la luz
en la transparencia
de tu cuerpo.

AFRODITA CABALGANDO

Cabalgando sobre los blancos corceles
olas espumosas del mar divino
atraviesas a los que te anuncian
con conchas y trompetas
chorreando algas y océano
Ignoras a los tritones
áurea hija de Zeus
cuando pasas con tus níveos brazos
domando el pináculo de la onda
que te propulsa
y te entrega
a la amorosa
rosada playa
donde
finalmente
reposas.

LA PAZ DE AFRODITA

No truecas la caricia
por el cetro del Cronión
y si usas el oro
es para verte
reflejada en él
Ante ti caen las espadas
y se yerguen los sueños
La mullida esperanza
espera
en la alcoba
donde tú oficias
el lascivo
olvido
de la guerra.

EROS EN EL GINECEO

Te escondes
en el gineceo
y ni la furibunda noche
ni el adusto viento
logran que depongas tu arco
y sueltes tu carcaj
lleno de broncíneas flechas
con flamígeras puntas
regalo de las Parcas
de la negra Muerte
En el regazo de tu madre
pasas la noche
recostando tu rostro
sobre el bordado ceñidor
del amor y el deseo
infante travieso
tramando a quien
traspasarás mañana.

LA MIEL DULCÍSIMA

La miel dulcísima del Amor
ha caído con el rocío
cubriendo el corazón
con una escarcha amantísima
La Crueldad y el Odio
se diluyen en ese
rojo potente
de la Pasión que vibra
incandescente
Y la Pasión muere
en el abrazo del Amor
que la derriba y le
besa las sienes.

PARA EL AMOR NO HAY DOS

Para el Amor no hay dos
sino uno
y es el uno que se expande
como círculo sin borde
o como piedra lanzada
al estanque
cuyo anillo de agua verde
se expande sin fin
Quien conoce tu nombre
se ha librado de la Muerte
y habita la alegría
en el abismo
del corazón.

ENVUELTO

Envuelto
en fina seda
el jazmín de tu cuerpo
se traslada de jardín
en jardín
Tu belleza golpea
el corazón
de viva muerte
Los labios enmudecen
y el alma se repliega
sobre sí misma
disolviéndose
en melancolía.

MÚLTIPLES ORQUÍDEAS

Múltiples orquídeas
en la tarde
susurran tu nombre
cuando pasas
rumbo a la isla
en que duermes la noche
Las orquídeas
enraizadas
en los árboles tenebrosos
cuelgan lianas y sueños
y son más violáceas
en el verde intenso del musgo
Tú pasas y las enciendes
y tu sonrisa les enseña
la palabra de Amor.

INTENSIDAD

La intensidad
de tu mirada
ha secado la luz
de mis ojos
Aprendo a vivir
en el desierto
con reptiles escamosos
que huyen del mortal vaho
que emana del silencio
A lo lejos, titilando
en la atmósfera febril
del mediodía
una figura blanca
se dibuja
y avanza hacia mí.

ES EN LA CARICIA

Es en la caricia
de la brisa de la tarde
cuando te siento
Vienes como un
presentimiento
o una presencia brumosa
de tiernos tonos malvas
Te acercas sin hacer ruido
y te sientas junto a mí
recostando tu cabeza
en mis rodillas
La tarde se tornasola
y su fragancia se une
a tu aire de añoranza.

LAS PLUMAS DEL AVE

Las plumas del ave
plateada
dejan un rastro de luz
en lo eterno
y su canto te visita
en la temblorosa mañana
cuando riegas
las rosas y tocas el jardín
que se deshace en tu mano
El ave te lleva la hondura
de mi silencio
y de mi incesante amor
que se expande
tal fuego que asciende
en espigadas lenguas
Amor tenaz
que todo lo avasalla
y te supera y desborda
bola de cristal
donde el Destino
oculta su mano perfecta
en mi juego de azar
y la sonrisa con que cierra
cada existencia.

LA VIDA SE DILUYE

La vida se diluye
miel que liba la abeja
recuerdos entretejidos
en la niebla
del pasado
Tú
sin embargo
permaneces entre tantos
luceros extinguidos
hace mil siglos-luz
Sólo resta amarte y morir
dejar escapar la vida como un ave
cuyo nido se oculta
en la ciudad de las siete cúpulas
al norte del horizonte.

TEMO EL ENCUENTRO

Temo el encuentro de los cuerpos
en la penumbra
la definición de un rostro
con su peculiar geometría
donde corre el río de los pesares
y se exhibe el delicado manjar
que no nos pertenece
El deseo se devora a sí mismo
y crea su tumba de angustias y temores
El Amor no es eso
no es la rapiña insaciable
de la carne en llamas
no es la ofrenda generosa
de ternura que confunde
astros y sueños
no es el resplandecer
de un nombre
que opaca la existencia del resto
El Amor es
cuando el amante desaparece.

RAZÓN DE EROS

ELEGÍA VI

Llorando
eternamente llorando
cruzando pasadizos
tumbas
y violines en noches de lluvia
andando y desandando las razones habituales
así en la misma exactitud
sin derramar tranquilamente
una lágrima nueva
repitiendo el mismo nombre
así eternamente así
porque es demasiado creerse renovada
¿Quién llega hasta ti
al frente de mi grito incansable
y de la estrella
hace brotar el sagrado fruto último?

EPÍTASIS

I

En esta gran humareda que forma
el espacio entre dos bocas en la ciudad
el espacio entre mi mano y tu mano
¿cuántas llamas se han sucedido?
¿cuántos cielos azules
en este espacio aletargado
donde nuestro grito no es más que
lo que guardamos y a nuestra sombra
sustraemos?
¿Dónde la risa y el viento?
El hombre ante una palabra
ante el gemido atroz de una palabra
donde los cielos devoran a la luna
—la luna ridícula de la ciudad—
Vamos desgarrados por perdidos caminos
los caminos que nos han alejado de todo lo habitual
adentrándonos en la furia de la apartada verdad
como el niño entre árboles
mientras avanza la noche.

11
En un amanecer de luz neón
lleno de árboles difuminados
por la distancia
repetimos palabras sin sentido
traicionando el verdor de la luna en primavera
de los parques sin letreros prohibitorios
Muerta ha quedado toda palabra
desde que a nuestra sangre ha sucedido
la sombra más maligna
desde que se ha marchitado
la naciente construcción
de las estrellas
—cielo perdido en una tierna postal—
apartada huella de nuestro asombro
Ha caído todo el verde de los árboles
donde aún había fuentes
y la vida comenzaba al caer la tarde.

EL ENORME PÁJARO

El enorme pájaro nocturno
se aproxima
dibuja tu manera de reír
en la puerta izquierda del horizonte
en el sol que muere y su barco de sombras
loto de los designios de la noche
Para ti el secreto es un cofre de espadas
y tu cuerpo la primera flor del día
en ella sepulto mi doble y mi espejo
en ese tallo inscribo mi derecho a morir
con letras sedientas
que giran al son de la luz
mientras el sol detiene en su rueda
la tormenta.

CUANDO TE VEO

Cuando te veo
siento que esperas algo
Yo también espero
que algo nos una
mientras salgo del estupor
de nuestro encuentro
Quiero mirarte
nada más
pero apartada del mundo
No he penetrado todavía
hasta el final de tus ojos
no he contemplado bien tu rostro
no he visto tu cuerpo
El mundo se interpone
y te arranca de mí
de mi mirada
que recibiendo la luz
que tú emanas
dentro de mí
de nuevo te recrea.

DETRÁS DE TUS OJOS

Detrás de tus ojos hundidos
la espiral se abre
En tu ausencia
pues todo lo absorbes en tu astucia
en tu no-estar
te manifiestas
En tus ojos que a veces son negros
la siniestra cara resplandece
En tus labios que se expanden
la puerta falsa se interpone
¿Cuándo habitarás tu espacio y estarás realmente ahí
al alcance de nuestras manos
de nuestras palabras demasiado agudas
de nuestra sed de ti
y de mi angustia
que sólo tu voz apagaría?

PORQUE ME DAS AL ATARDECER

Porque me das al atardecer
una tristeza mansa y callada
como resonancia de puertas que se cierran
de arcos que se extienden y no disparan
de tristes hojas azules
que rozan tus labios como un temblor
¿En qué nos parecemos
sino en el pozo transparente de nuestros ojos
que guardan la misma tarde pesada y vibrante
en la que yo solía cantar
y lanzar lágrimas a causa de tu silencio
de tu manera de callar?
Porque hay entre nosotros un camino
erizado de cristales
de vírgenes perversas y lágrimas antiguas
que lo aprisionan todo
nuestras vidas son tan diferentes
tan distintas y separadas
como desiertos interminables
donde rugen las bestias
y el sol cae como azufre punzante
sobre el corazón desvalido
Pero nuestras vidas van por rutas tan lejanas
y pasamos de tal manera sobre nuestros pechos

con tal sonido atroz
tal brusquedad y desconocimiento
que descansa sobre mí una tristeza gris
muy difícil de llevar por tantas cosas
deshechas con motivo
y que permanecen como una flor callada
guardando un misterioso néctar
muy dentro
apretujado entre sus pétalos.

EMPEZARÉ ESPERANDO

Empezaré esperando el toque
en la alta puerta de cobre
Las palabras se deshacen en sílabas alargadas
y determinan la dirección del humo
La espera acechando en el umbral
como un guantelete lanzado a la arena
sin el menor rubor
Empezaré deteniendo las olas de la noche
y abriendo la puerta en su umbral
su cámara azul
desfigurada en una capa de niebla
introduciendo la huella en medio del paso
tu interior y la profundidad de tu mar
en una copa atravesada de puñales.

LA PRIMAVERA

La primavera es este gozo en el corazón
este olor punzante que emana de los arrecifes
el humo que se escapa de las chimeneas antiguas
que como hongos brotan en la ciudad
Tu amor se pasea por los techos de estos edificios
atraviesa las cúpulas
se filtra entre las ojivas y capiteles
se detiene ante las fuentes de los conventos solitarios
y así vaga por toda la ciudad
agobiada por su primavera intensa
por su carga de pájaros y nubes
Al llegar hasta mí tu amor se descompone
en cristales deslumbrantes
en superficies felpudas que se doblegan
al menor contacto
en sonidos de agua que salta
de torrentes
de aves enloquecidas que cruzan el océano
El universo entero me muestras en un rumor
en una palabra tenue volcada al oído
en una mirada en que vibran horizontes
en los cuales me pierdo
sin encontrar salida.

UN NUEVO MUNDO

Un nuevo mundo se escapa de tu índice derecho
y entre conflagraciones irrumpe un nuevo día
en el que te manifiestas
con las palabras que te son habituales
En la concha de tu ego te solazas
mientras te observo y admiro en ti
la extrañeza del universo
la complejidad de esta miríada de soles
que no entiendo
y al mismo tiempo
sabiéndome extranjera
en este mundo de las formas
donde la luz niega a la sombra que se agazapa
sabiéndome del mismo modo lejos de ti
y destinada a una muerte solitaria
en la que tu corazón no participe.

QUÉ DULCE ES EL PERFUME

Qué dulce es el perfume de la lluvia en otoño
cuando el viento levanta las hojas
como fascinado por una canción
como si viera tu rostro detrás de cada árbol
y en cada hoja que desciende por los troncos
Así la tarde se mezcla con tu recuerdo
con las palabras que solías decir
y le roba a tus ojos ese destello peculiar
con que lo adornas
Ahora el otoño finaliza y la lluvia decrece
se advierte a lo lejos un paisaje de invierno
y tú te pierdes entre la sombra
El olvido te aprisiona rodeándote de lanzas
como la tarde te esfumas
como el otoño te desplazas
y queda tu presencia como un temblor
mientras mi amor se transforma
en un estertor que no cesa.

MUSTIOS NARCISOS

Mustios narcisos
coronan la frente
del ahogado por amor
que embriagado de adolescencia
se ha lanzado al olvido de las aguas
al ritmo ajetreado de la corriente
en que flota la gloria del cuerpo
preservado ya para siempre
del goce y el llanto
del vacío y la luminosidad del encuentro.

ALBERGUE DE HOJAS

Albergue de hojas
y de margaritas
donde mi ser se reconforta
como si viniera de una negra guerra
entre el Odio y la Muerte
Entre esas hojas
y esos pétalos hermosos
que susurran como la brisa
dejo caer mi raído guante
el supurante sudor de mi frente
y el llanto que olvida brotar
de tan inútil.

CARNES MARMÓREAS

Carnes marmóreas
y verde de horizonte
tu cuerpo y tus ojos me reciben
cuando se cierra la tarde
y me introduzco en la noche que aúlla
para recuperar el sueño
que exprime gotas de néctar
en mi boca sedienta
rodeada de desiertos
cielo de metal
y palabra extranjera que aniquila.

INASIBLE MANJAR

Inasible manjar
saciedad imposible
Corta de vida y de sueños
no alcanzo tu distancia
Te me diluyes en la sed que desatas
Mis ojos pasan por tu piel
incendiándose como fuego
que a sí mismo se consume
No debo perturbar el descanso
en que tu forma perfecta se acomoda
y el que
suavemente
inundas de hermosura.

MUSLOS GLORIOSOS

Muslos gloriosos
soberanas espaldas
tu cuerpo
tendido sobre la arena
dorado como el dolor del deseo
me atenaza
Todo en mí corre hacia ti
Mi gula
desbocada por el abismal manjar
que ha de pagarse con sangre y tinieblas
se retuerce de negación.

LOS CUERPOS

Los cuerpos
se envuelven en la lluvia
como en una túnica
cuyos pliegues se adhieren
a las formas
revelándolas
La pupila se fija
en ese jugueteo de
los miembros y los torsos
de los cuellos
salpicados de la sensualidad
del cabello corto
de los rostros
rebosando eternidad
en la perfección
de los rasgos.

MOMENTO DE LUZ

Momento de luz
tal el muslo terso
y macizo
que se muestra bajo
la breve falda
del legionario romano
Fragor y pasión de la guerra
en que encontramos el deleite
de la piel dorada
sobre músculos
cóncavos y metálicos
crueles en su lejanía
en su imposible posesión
San Sebastián transido
de flechas
el David
de perfil
con la mano ascendiendo
vagamente hacia el hombro
como en abandono sutil
tras el instante del placer.

EL ALA QUE ROZA

El ala que roza sutilmente
el brazo desnudo
despierta imágenes de árboles
perdidos en la distancia
recortados cual negras y erizadas cabelleras
contra el cielo amarillo y gris
atravesado de este a oeste
por rayos encrespados
El roce levanta la pelusilla
de la piel que reverbera
al sol del mediodía
imitando el leve toque
de tu mano
que me apremia
mirar el horizonte.

LA CANELA DE TU SONRISA

La canela de tu sonrisa
la menta de tu mirada
el jazmín de tu voz
la fresa de tus besos
en múltiples sentidos
recibo tu presencia
penetro el calor que emanas
y rozo
con mi brazo
tu temblor.

EL AIRE QUE ME SEPARA

El aire que me separa
de tus hombros blancos y fragantes
luz de abril y brisa de mayo
puñal que abre
estrías rojas en el silencio
de la tarde
Evito mirarte
para no naufragar en tus ojos
Mi mano evita rozar tu hombro
para que mis dedos
no se hundan en tu blancura
que hiere.

TU VOZ DE CARICIAS EN MIS OÍDOS

Tu voz de caricias en mis oídos
sin saber qué hacer
guardo un sorprendido silencio
quedo suspendida entre la dicha
y la tristeza
Tu voz de promesas
detiene la disolución del hastío
y hace brotar dulzura de las pausas
Ahora te das cuenta
que confundiste mi voz
con otra
Tu voz se metaliza en el teléfono
y me hablas de la subida de la Bolsa.

HAS LLEGADO DIEZ MINUTOS TARDE

Has llegado diez minutos tarde
Hace nueve tenía dudas
Hace ocho que desesperaba
Siete que miraba por la ventana
a cada golpe de viento
Seis que temblaba de pies a cabeza
Cinco que sollozaba
Cuatro que planificaba en detalle
dejar de vivir
Tres que preferí mil veces la muerte
a esta angustia
Dos que di todo por perdido
Y uno que empecé a odiarte.

VEO POR EL CRISTAL DE LA VENTANA

Veo por el cristal de la ventana
cómo te invade la impaciencia
Golpeas el pavimento con el zapato
como para apresurar al tiempo
mientras cambia a verde el semáforo
Miras el reloj
Piensas en mil cosas sin concluir
y compones tu rostro para mí
Tiemblo al pensar
que te veré de cerca en unos segundos
No hay escapatoria
Suelo enfrentar la Muerte con una sonrisa
pero ante tus ojos me estremezco
Ya llegas
Se abre la puerta
El mundo desaparece
y tú comienzas.

CADA MAÑANA

Cada mañana veo
el cielo de la ciudad
que es del color de tus ojos
Las casas
las calles
corren interminables
hacia el mar y la neblina
Los millones de habitantes
caminan llevando maletines
bolsas de papel
Como tú también ves todas estas cosas
la ciudad no está vacía
Como nunca pronuncio tu nombre
sólo el cielo y la ciudad nos unen.

EL ODIO A LA JUVENTUD

El odio a la juventud es tan joven
tan sublime el disgusto
que crea la adolescencia en el mozo
Es parte del inicio de la vida
la molesta alegría de saberse mejor que todos
y que sobreviviremos
a los que tienen ahora poder sobre nosotros
Los jóvenes se perdonan fácilmente
y se comunican
con sólo alargar la mano a través
del pasillo del avión
juntando palma con palma
en un gesto dulce y terrible
más profundo que el amor adulto
o la promesa de convivencia eterna.

ES PREFERIBLE MORIR

Es preferible morir
en el instante del abrazo
cuando el sueño
aún canta
cual sirena
en el oído
y el cielo índigo y sin nubes
penetra la pupila
y entibia el corazón
Mejor morir
antes que anochezca
y nos haga añicos
la palabra
el acto
o el gesto vil.

EL DESENCUENTRO

El desencuentro
de dos ansias
que al chocar se penetran
sin complementarse
sino hiriendo
quemando la desemejanza
aniquilando la gracia del Otro
en el odio
y el terror del Extraño
Desconfianza que en la dádiva del amor
cree descubrir la hiel de la traición
o la desazón de la sed
sin saciedad posible.

LA MIRADA TORVA

La mirada torva
que no merece el amor
ni el triunfo
porque no conoce
la invencible lasitud
porque en la lujuria
de la batalla no se arroja
sobre la espada
con la furia de un vikingo
sino que evita
y pospone
se preserva para mejores pastos
y épocas de gloria
para la épica del cuerpo
en el que se enroscan
las sinuosas sierpes del deseo.

QUÉ TRISTEZA

Qué tristeza a través del aire
Qué blanca lucía la tarde
envuelta en ese aire violento
rebosante de insectos que murmuran
de hojas con pequeños huecos
como ojillos
El aire pasa entre mis manos vacías
oh recuerdos
hace apenas unos años sonreía a la luz
ahora sólo quedan la tarde
y su muriente luminosidad
las lámparas de mil casas que se encienden
mis lágrimas que caen de nuevo
como ayer
y relampaguean en la noche dura
donde tú no estás.

EL OLOR A OTROS TIEMPOS

El olor a otros tiempos
atraviesa la ventana
con la frialdad de diciembre
Los colores del ayer y del mañana
rodean los objetos
como aureolas
El aroma del amor
su canela y su sombra
enardece los sentidos
La noche se bifurca y fluye
en cauces de desesperanza.

LA LLUVIA

La lluvia
gotas gruesas
que descienden en hileras
tal lanzas
que reflejan la luz de la luna
que ruedan por cuerpos de mármol
escultóricas bellezas
de miembros bien torneados
y suculentos pectorales
en los que se regodean
las oleosas esferas
contaminadas de hollín
La lluvia es un lenguaje
que me lleva hacia ti
idioma secreto que detesto
en el que me cuentas
y me piensas
y el que evado
mirando tan sólo la luna
que desaparece
furtiva
entre los cúmulos
abombados.

A VECES CREO SORPRENDER

A veces creo sorprender el latido de la vida
entre los árboles
en una nube robusta
y frondosa que transparenta
la luminosidad que intenta ocultar
en un ave que camina
en el alféizar de la ventana
distraída
con paso inseguro
exploratorio
La soledad se interrumpe
entonces
en ese intervalo
de esencia de vida
y se suspende el primordial aislamiento
que ninguna compañía es capaz de curar.

ROJA COMO LA AMAPOLA

Roja como la amapola de Georgia O'Keeffe
y la túnica con que te vistes
divinidad lunar
recuerdo de sueños perdidos en el pasado
y que experimento entre el estertor y el éxtasis
La vida de repente se vuelve concreta
y cesa la fría Nada y el agónico Devenir
Lo concreto se diluye en una armónica miel
que permea la vida con un eléctrico latido
Un hálito de dioses que despiertan
y crean, sonriendo, tiernos mares azul cerúleo
y caracoles sonrosados y sonoros
donde se escucha tu voz
y donde muero
en ese rojo que penetra mi pupila
cerrándola para siempre
rebosante de ti.

NATURALEZA EN EL ESPEJO

ANOCHECE POR UN INSTANTE

Anochece por un instante
bajo el ala del pájaro nocturno
la luna
diluida en sus bordes
rueda hasta el lago
Tu rostro
luna
sumergido en el estanque sideral
agrupando tus estrellas
y tus pausas
deslizando el líquido solar
por tu mejilla azul y única
desapareciendo
en la puerta izquierda de la memoria.

MIRO AL SOL QUE SE HUNDE

Miro al sol que se hunde y al mar que se hunde
y yo también me hundo
en este movimiento inmenso
que parece terminar en las estrellas
¿y quién soy yo
de repente sin rostro, como una huella
en la arena húmeda
como un contorno ya sin posible definición?
¿quién soy en esta cadena de muertes
que no se detiene en mi nacimiento
sino que continúa hasta donde la luz no es más?
¿quién soy?
Más ausente que las rocas
refugiadas en un sueño fácil
¿en quién me reconozco?
¿tendré que perder mi mano
en el corazón del Otro
para saber que mi mano vive
que no ha sido olvidada y reconstruida al azar?
¿quién deja huellas sino yo?
El sol no me atraviesa como las ramas que vibran
a un costado del viento
Soy de alguna manera, alma mía que se confunde
con los frutos de la noche

y centellea en la nulidad de su existencia
Y, ¿se puede entonar la canción del Otro
cuando del mar salen fieras llamas
y se estremecen sus pequeños intestinos?
¿Se puede mirar con nuestros ojos
por donde pasa el viento sin silbar
a la gloria del Otro
el que existe de seguro, el que es palpable?
Entonaremos la canción del Otro
quien teme también a la muerte
y en la duda ha hecho su casa
brillante y lavada
resplandeciente al sol del mediodía.

CON QUÉ LENTITUD PASA LA NOCHE

Con qué lentitud pasa la noche
trepidante de fieras cuyos ojos centellean
cual luciérnagas de agudos gritos
en el vientre de la luna menguante
¡Oh extranjera de medio rostro
de silencio frío y visible
en la mitad izquierda de tu rostro!
Tu brillo azul penetrado de nieblas
y de presiones marinas
te traiciona
en medio del cielo negro
como la sangre antigua
En la línea del horizonte enraizada de algas
de ostras de una sola concha
que han apresado el púrpura del sol descendente
y en cuyo interior los universos
giran en loca carrera
en la liana verde y confusa del horizonte
de donde surgen
trémulas
las olas
desde allí las bestias marinas se lanzan a la ciudad
a través del espejo definitivo y magnífico…

¡Oh ciudad de la noche!
Torturada por el amor sin final de la noche
y cubierta por la red deslumbrante
de sus estrellas más cercanas
donde Sirio reina
acompañado de címbalos
y tambores
en la mitad del cielo de julio
¡Oh atroz resplandeciente visión!
¿qué mas brillante, Sirio, que tu superficie
rodeada de anillos magníficos
que reflejan la luz en mil variados colores?
¡qué insignificante el inútil grito de los hombres
frente a tu esplendor!
¿quién hablará, Sirio, de tu certera luz
que cruje en la piel de las olas
que se parten y renacen
que aprisiona la ciudad de cúpulas transparentes
—rodeada de palmeras como brazos de esclavos
enterrados en la arena humeante—
y que se desvanece al fin
sobre la perpetuidad de las olas.

LUNA EXTRANJERA

En el paseo de la noche
atraviesas las estrellas una a una
y dejas en ellas una tímida luz transparente
que permanece
En los pasadizos de la razón
en los ángulos del olvido
tú
incompleta criatura
has hecho tu canto
y este embriaga como el sonido de la cítara
al final de una noche de verano
Múltiples cristales reflejan tu figura
donde la plenitud de la tierra
se representa
donde las bestias estrenan sus garras
ansiosas de sangre hirviente
La luna
como dragón alado
se suspende
y multitud de luces atraviesan el espacio azul
donde tú reinas en creciente
¡oh luna extranjera
de la mirada silenciosa
del cansado y oscilante andar!

SOBRE TEJADOS QUE SE MULTIPLICAN

Sobre tejados que se multiplican
y resplandecen al llegar la noche
oscilando entre el violeta y el rojo
aparece la luna
vibrando como un ala de insecto color azufre
atravesada por una red de venas azules
La luna se prende a la garganta de la noche
y sus garfios no conocen la piedad
Desde la noche viene el recuerdo
como un silbido lejano
como un pañuelo que se pierde
en una anónima ventanilla de tren
y nos devuelve la imprecisión
de los días de infancia
cuyas tardes se disolvían lentamente
en una tierna bruma gris.

COMO UNA DEMENTE

Como una demente con los ojos desorbitados
así pasa la noche
coronada con espigas de trigo recién cortado
y de su frente se desprende un antiguo rumor
como rozar de piedras al pie de la cascada
o como el chasquido de la piel
cuando la serpiente avanza.

LA NOCHE HUELE A TIGRE DESPUÉS DE LA LLUVIA

La noche construida por variados cristales
cuyos centros se han estriado como la escarcha
La noche que despide un olor en remolino
que ha atravesado siglos
y se mueve con su cuerpo nebuloso
rozándolo todo y ascendiendo
en partículas diminutas
que contienen un inusitado fulgor
La noche huele a tigre después de la lluvia
y su aliento feroz envuelve a la ciudad
como una túnica o un féretro
Dentro de sus entretejidos puentes
los hombres se pasean
llevando en las pupilas un paisaje de ruinas.

EL VIENTO CIRCULA

El viento circula entre las hojas
que van tornándose doradas
en el gris del final de septiembre
Atrapo el viento en mi mano
para detener en la palma
las voces que escuchaba en mi infancia
al principio del otoño tropical
cuando el mar rompía en los arrecifes
trayendo ecos de pinos nevados y trineos
y múltiples vidas que jamás conocería
El viento huye entre mis dedos
como una nota final
solitaria
que no concluye sino suspende
y el recuerdo de las miríadas
de instantes transfigurados en una fragancia
en una mágica ligereza
o un resplandor dorado
que se transparenta en la membrana del tiempo
se concretiza y posesiona del intervalo
se instala en la pupila
como una figura geométrica
de planos imposibles que el cálculo estrecho
es incapaz de apresar.

SIN CESAR

Sin cesar
sin temor
y sin tregua
se busca la raíz atroz
de los instantes
que se suceden saltarines
y jocosos
sin menester
interpretación para el ligero
el obtuso
el que alegre de respirar la fría brisa
de la campiña al despuntar el alba
se regocija con el canto del ave
o la gota iridiscente sobre
la hoja de hierba
cargada de rocío.

SOLEDAD COMPARTIDA

Soledad compartida
con la presencia
silenciosa
de la Naturaleza
que el gorjeo breve
como un silbido
del cardenal
hace más profunda
Soledad al reverso
de la compañía
que se refugia entre
hojas verdes de verano
que no recuerdan
el dorado del otoño
ni el tronco desprovisto
del invierno.

HABLO CON QUIEN NO EXISTE

Hablo con quien no existe
con la niebla que atrapa mi mano
y me da la medida gaseosa
de mi falta de transparencia
de mi inhabilidad para refractar la luz
y emitir círculos de rayos
que vayan del rojo al violeta
Hablo y me oigo
mi compañía me sostiene
en la blancura de las horas
que ya me llegan a la cintura
y que mañana
seguro
tendrán su enorme dimensión real.

PALABRA QUE SE ALARGA

Palabra que se alarga
apresando un contenido
que no se intuyó
al pronunciarse
y que al cabo
al deshacerse el sonido
y dejar en el aire
una vibración de pausa
se inclina sobre sí misma
comprimiendo el significado
incandescente y al rojo vivo.

NO PUEDO EXPLICAR

No puedo explicar
las palabras suenan huecas
cuando se intenta transmitir el abismo
y las tinieblas se precipitan
abrazando mi cuerpo
como alas que encierran
un dolor que arde e ilumina
Sólo la Muerte está a su altura
y sólo ella
transmutará el silencio
piedra filosofal
que extraerá néctar
de la tundra.

PREDOMINIO DEL VERDE

Predominio del verde en la llanura
los círculos del sol que se despide
la negrura azul de la nube
el cristal traspasado
la esencia del lago sobre la hierba
la inutilidad del volar detrás del sol
los cantos del día
el techo del sueño
la llanura como una canción lejana
el sol y sus múltiples centellas
y la voz de la realidad
(el hastío)
tronando en el horizonte.

LA LLUVIA INTERIOR

La lluvia interior que brota de los árboles
la lluvia que aparta a los árboles
de ellos mismos
y diluye sus melenas verdes en una cascada gris
que se hunde en el césped
Sus hilillos de sombras
rodean como una urna
las copas recortadas
contra el plomizo cielo que oprime
como estatuas que revelan un secreto
valiéndose de un oscuro
mecanismo de señales.

LOS LAGOS ENCIERRAN EL FÓSIL

Los lagos encierran el fósil
de una serpiente marina
(el canto del ave atravesada por la flecha)
y permanecen al pie de la montaña
como un disco azul donde las nubes se reflejan
La sensación de un lago te persigue
en el umbral de la tarde
y colorea tus manzanos con extrañas luces
como si se envolvieran
con mantos transparentes
y ligeros
Los lagos te aguardan donde terminan las torres
en el anfiteatro custodiado por laureles
donde tus jóvenes riegan su sangre
en la tierra apisonada
y tú brindas con una copa de vino.

CERCA DEL HORIZONTE

Cerca del horizonte vuelan las aves
sus figuras negras imprimen la mañana naciente
y sus murmullos reinan solitarios
en la ciudad que duerme
Sólo los techos brillan con el sol invernal
pues a lo largo de las calles
líneas profundas como ríos vistos desde el aire
se regazan las sombras
aglutinadas y jadeantes
Sólo las aves atraviesan el cielo
y a veces
de una chimenea lejana
asciende sutilmente
una ondulada columna de humo.

HEMOS PERDIDO AQUELLA PALABRA

Hemos perdido aquella palabra que nos definía
y con la cual empezábamos la mañana
como lanzando un reto
Ahora el día pertenece a los árboles
y tú no estás
pues como yo te has escondido
Ahora la Historia ha tomado
el hilo de nuestras vidas
el paisaje se mezcla, se difumina en la velocidad
es transformado por ella en una postal
de estación terminal
Ahora comienza el otoño y hace palidecer
las enormes avenidas
que no terminan en el mar sino en áridos
arrabales que transpiran miseria
Ahora quisiera estrujar esa palabra
y hacerle una empuñadura en mi vientre
mientras renacen aquellos días
perdidos en calendarios
¡Qué pesado es este tiempo plomizo
que se apodera de la ciudad
haciéndola su cómplice
de lluvias, de temores, de vientos brutales
que viajan en espiral en este laberinto!

LA NIEBLA ATRAVIESA EL RÍO

La niebla atraviesa el río
desfigura la planta y el origen
en medio de un malabarismo sin lógica
destituye el símbolo y acoge al número
abandona la eterna sonrisa del dragón entre rosas
Sin querer hemos violado la Historia
con un golpe de suerte
y el azar volteado en su plenitud
muestra su cabeza de tenazas
y piernas de estertores
Los árboles se acogen a remotos concilios
mientras el río decide tenazmente su descenso
con su botín de espuma y salmones.

EN EL CENTRO DEL VACÍO

En el centro del vacío
simulando ser una planta acuática
en medio del lago
el goce del instante se coagula
y nos cubre como una herida insidiosa
que no disimula sus bordes
¿Por qué sostener?
Sólo
dejar
deslizarse
flotar
en este lago azul
en el centro de las cuatro hojas del loto que gira
cuando toda palabra y su contrario
carecen de sentido
y una síntesis de ambas estaría de más
Pues, ¿quién puede reunir dos cosas realmente?
Lo que huye es detenido en el instante
y en su núcleo la serpiente une sus extremos
¿Quién se atreve a precisar
en el universo de los círculos
que se expanden y se contraen sucesivamente?

PORQUE EN EL VACÍO NO SE CAE

Porque en el vacío no se cae
sólo en la Tierra
y aplastándonos contra la piel del vacío
mientras el mundo desfila
rostro contra rostro
se abre la flor inexistente
sus voraces dientes que no son
y sin caer se desciende sin peso
hasta saber que no nos hemos movido nunca
y las miríadas de universos
son nuestra luz azul
y sin color
la inmovilidad eterna
y el silencio.

LA LENTITUD DE LA MILLONÉSIMA DE SEGUNDO

En la rapidez de la luz se esconde
la barrera enigmática
que limita al Ser
cuando la auténtica velocidad
es el viaje instantáneo del pensamiento
hacia su centro
semilla que fructificará universos
de vida y muerte
de infiernos y cielos
en que imaginamos
el dolor
y el placer
de un cuerpo
de luz detenida
en ningún espacio
o tiempo.

NOTA SOBRE LAS
ILUSTRACIONES INTERIORES

Página 1/ Ilustración de la diseñadora inspirada en la serie de grabados en madera de Alberto Durero sobre escenas del *Libro del Apocalipsis* (1498), y en el famosísimo grabado *La gran ola de Kanagawa*, de Hokusai (1830-1833). El testigo con paraguas y cámara celular proviene de una foto tomada en Battery Park, Nueva York, durante el huracán Irene (2011) por el periódico de la comunidad judía ortodoxa *Voz Iz Neias*.

Página 27/ La ilustración representa la mitad izquierda («occidental») del primer mapa del tipo *Orbis Terrarum*, dibujado por el gran cartógrafo flamenco Pedro Plancio en 1594. Denomina América Mexicana a la mayor parte de Norteamérica. Cortesía del Centro de Mapas Norman B. Leventhal de la Biblioteca Pública de Boston.

Página 83/ Tetradracma de plata de 15.44 gramos acuñado en la antigua ciudad de Cnido y considerado una representación fiel, casi fotográfica, de la cabeza de la contemporánea estatua desnuda de Afrodita esculpida por Praxíteles (350-330 A.C.): asiaminorcoins.com/gallery/displayimage.php? pid=9294.

Página 99/ Collage que combina un dibujo en tinta y acuarela de la colección de mitos griegos pintada en 1514 por Durero, con una foto de archivo de la parte sur del Parque Central de Nueva York. Muestra al joven Eros robando un panal de miel y siendo atacado por las abejas. Según el poeta romano Teócrito, Afrodita, la madre de Eros, le está diciendo: «¡Eres igual que la abeja, igual de pequeño y capaz de infligir heridas dolorosas!» Se agradece el uso de las imágenes al Kunsthistorischesmuseum de Viena y al Departamento de Parques de la Ciudad de Nueva York.

Página 137/ Collage que combina litografía de M.C. Escher (*Stillleben mit Spiegel*, 1934) con foto de archivo del Puente de Arco en el Parque Central. Cortesía del Departamento de Parques de la Ciudad de Nueva York. Los derechos mundiales de la obra de Escher están en poder de la Fundación M.C. Escher y la Compañía M.C. Escher B.V., Baam, Países Bajos, a las que se les agradece el permiso de uso.

ANDRÉE CONRAD

EDICIONES LA MIRADA

Libros a la venta en Amazon.com y/o CreateSpace.com

Katábasis: siete viajeros cubanos sobre el camino, eds. Jesús J. Barquet e Isel Rivero. 2014. ISBN: 978-0-9911325-0-8. Nacidos en décadas diferentes del siglo XX y residentes en diferentes países, Nivaria Tejera, Orlando Rossardi, Isel Rivero, Jesús J. Barquet, Damaris Calderón, Joaquín Badajoz y Yoandy Cabrera interpretan poéticamente la experiencia de la diáspora y de la evolución histórica de Cuba después de 1959. Imagen de cubierta e ilustraciones interiores: Justo Luis.

JJ/CC, de Jesús J. Barquet y Carlota Caulfield. 2014. ISBN: 978-0-9911325-1-5. A manera de tríptico, este poemario incluye las colecciones breves "Refugios cotidianos", de Barquet; "Flashes (après Reverdy)", de Caulfield; y en coautoría, "Moradas". Las tres colecciones establecen un sugerente diálogo entre sí y ofrecen una poética de la contemplación que celebra la experiencia de la cotidianidad.

Todo parecía (poesía cubana contemporánea de temas gays y lésbicos), eds. Jesús J. Barquet y Virgilio López Lemus. 2015. ISBN: 978-0-9911325-2-2. Primera antología de poesía cubana y cubanoamericana sobre temas relacionados con la condicion LGBT. Entre los 42 autores incluidos están Abilio Estévez, Achy Obejas, Alberto Acosta-Pérez, Alina Galliano, Amauri Gutiérrez Coto, Antón Arrufat, Damaris Calderón, Isel Rivero, Lina de Feria, Magali Alabau, Maya Islas, Nelson Simón, Norge Espinosa, Reinaldo García Ramos y Richard Blanco. Incluye poemas traducidos al español por Barquet y Benito del Pliego. Imagen de cubierta: Jorge L. Porrata.

Imposeída (46 poemas), de Mercedes de Acosta. Eds. Jesús J. Barquet y Carlota Caulfield. Traducción de Barquet, Caulfield y Joaquín Badajoz. 2016. ISBN: 978-0-9911325-4-6. Primera compilación y traducción al español de un conjunto significativo de textos de los poemarios publicados entre 1919 y 1922 por esta autora estadounidense de padre cubano y madre española. Entre temas íntimos y sociales, de Acosta plasmó la experiencia urbana y homoafectiva de una época turbulenta y transgresora. Imagen de cubierta: José Rosabal.

glotOnerías y olfAteos (de florEs en cUbículos), de om ulloa. Prólogo de Yoandy Cabrera. 2017. ISBN: 978-1544264943. Libro complejo y múltiple donde disfrutar del sugestivo y renovador entramado lingüístico que define el peculiar estilo de una autora fundamental dentro de la poesía hispanounidense y cubana contemporánea.

EDICIONES LA MIRADA
Editor Jefe: Jesús J. Barquet
jbarquet@gmail.com
Editora Asociada: Carlota Caulfield
amach3@hotmail.com
Editor Asociado de Reseñas: Yoandy Cabrera
yoandyc@gmail.com

Orbes 1959-2016, de Mercedes Cortázar,
concluyó su proceso editorial
el 18 de marzo de 2017
en Las Cruces, Nuevo México,
Estados Unidos de América.

Los tipos de letra usados en el texto son Garamond, creado por Claudio Garamond y Juan Jannon en París en el siglo XVI, y Herculanum, diseñado en 1989 por el suizo Adriano Frutiger para el programa de Linotype «Las fuentes que precedieron a Gutenberg». Las letras de Herculanum se inspiran en los grafitis pintados en las paredes de las ciudades romanas destruidas por la erupción del volcán Vesuvio en el año 79 d.C.

www.ingramcontent.com/pod-product-compliance
Lightning Source LLC
Chambersburg PA
CBHW032117020726
47494CB00007BA/2119